JN124526

新しい競馬スタイルが登場した令和時代
自分自身も変わらなければなりません

流の時代に変わっています。時代の流れに対応し自分自身を変えていかないと、取り残されてしまう可能性大です。馬券検討や馬券購入をするとき、これほどネットが関係する時代がくるとは昭和時代の競馬ファンは想像もできなかったことでしょう。スマホやパソコンなしで馬券を検討することは今では考えられません。アナログ時代では、レースの結果ひとつ調べるにも相当な労力を要しました。しかし今は、スマホやパソコンがあれば、簡単に調べることができるのです。

令和の時代を迎え、ネット投票はさらに馬券投票の主流になると思われます。もちろんライブで競馬を観戦する楽しみもあります。自分自身の競馬の楽しみ方を模索しながら、馬券で儲ける方法を見つけ出せればこれほどの喜びはありません。私は馬券で儲ける方法として、オッズがベストなツールであることに気づき、実践しているのです。

100万円馬券が飛び出すレースを察知し
そのレースで超穴馬を狙えばOKです！

　オッズは競馬ファンが検討に検討を重ねた結果、最終的に自分のお金を投じた投票活動を数字で表したものです。私はその数字を読み解くことが的中馬券への近道と考え、オッズ馬券を追求してきました。

　本書では主に「100万円」をキーワードにオッズをひもといていますが、3連単馬券で100万円馬券が飛び出すことはそれほど珍しいことではなくなりました。しかしそれを獲るのは容易ではなく、

実際3着内に10番人気以下の馬が1〜2頭絡んでいるのがほとんどで、それらの馬は競馬新聞を見ても、まったくといっていいほど印がついていません。つまり、競馬の専門家も印をつけることができない馬が3着まで飛び込んで、超万馬券を演出しているのです。

　オッズ馬券を習得する上でもっとも大事なことは、狙っているレースが波乱になるかどうかを調べる「競馬予報」にあります。逆に言えば、この競馬予報に則っ

て、100万円超の馬券になった時の傾向を調べれば、次に活かせるのではないかと私は考えたのです。

　毎度、闇雲に人気のない馬に狙いを定めて100万馬券を狙うのは無謀なチャレンジですし、資金が持ちません。しかし競馬予報に則って、超大穴が発生する予兆のある時だけ狙うならどうでしょう？　チャレンジする価値はあるのではないでしょうか？　その辺のやり方について、第6章では具体的な例をあげながら解説しています。さらにWIN5も出現率の高い配当金に注目し、100万円を狙う方法を紹介しいます。

　本格的なネット投票時代を迎えましたが、オッズという武器をもって立ち向かっていけば、超万馬券を攻略できるのです。本書を読んでひとりでも多くの方がオッズに興味をもち、回収率があがれば、それ以上の喜びはありません。

　　　　　　　　　　　　大谷清文

CONTENTS

002 ……………… はじめに…

011 ……………… プロローグ **ネット馬券**

012 ……………… ネット投票は考え方次第では大きくプラスに作用する

014 ……………… ネット投票だから2つの欲をコントロールできるメリットを活かす

016 ……………… 9時半のオッズは馬券を検討する上でどうして基本となるのか

018 ……………… 馬券攻略への常識1
枠連オッズと馬連オッズを比較して超穴馬を見つけ出す方法

020 ……………… コラム1 ネット投票がこれからの主流になる

021 ……………… **第1章 攻略の基本**

022 ……………… 万馬券が飛び出すときには3つのパターンがあることを知る

024 ……………… 9時半のオッズからレースを2つのパターンに仕分けていく

026 ……………… 馬連の人気ランクはJRAのHPからカンタンに並び替えられる

028 ……………… 馬連オッズと単勝と複勝オッズの間のバランスを見極めることが重要

030 ……………… 5つの基本的なルールを理解することが万馬券GETへの近道だ

032 ……………… 超1番人気の信頼度を調べることは非常に大切なことだ！

034 ……………… 3連複馬券の人気順のオッズで超1番人気の信頼度がわかる

036 ……………… 馬券攻略への常識2
回収率をアップさせるには配当的にみて3連単より3連複馬券

038 ………………… コラム 2　万馬券は的中者が少ないから万馬券

039 ………………… **第2章　馬連を攻略**

040 ………………… 本命型レースを効率よく攻略する

042 ………………… 中穴型レースの基本と馬連1番人気の倍率との関係を理解しておく

044 ………………… 大穴型レースが失格となったレースは中穴型レースとなる

046 ………………… 上昇馬と下落馬で馬連万馬券を1点でGETすることは可能だ

048 ………………… 実例で覚える馬連万馬券攻略法①

050 ………………… 実例で覚える馬連万馬券攻略法②

052 ………………… 馬券攻略への常識3
　　　　　　　　　　馬券で勝つには最終レースを制することが重要な課題となる！

054 ………………… コラム 3　穴馬がハッキリしないレースは見送るのが正解

055 ………………… **第3章　大穴馬券を攻略**

056 ………………… 大穴馬券をしっかり的中させるまでの過程を理解する

058 ………………… 「オッズの壁」を使って高配当馬券をGET

060 ………………… 「突入＆移動馬」で高配当馬券をGET

062 ………………… 時系列のオッズチェックで高配当馬券をGET

064 ………………… 「複勝6倍の壁」で高配当馬券をGET

066 ………………… 「馬連人気分布表」で高配当馬券をGET

068 …………… オッズ馬券のルールをうまく使い分けて高配当馬券をGET

070 …………… 「突入＆移動馬」のルールをクリアした馬が4頭も出現!

072 …………… 馬券攻略への常識4
　　　　　　　　GIレースの反対競馬場の最終レースでは高配当を狙え

074 …………… コラム4　オッズの世界には基軸オッズがある

075 …………… 第4章　回収率を下げるタブー

076 …………… 中心に買う馬券の式別は変更してはいけません

077 …………… 人気馬から馬単馬券を買っても旨味はありません

078 …………… ハズレ馬券を恐れる感覚が馬券の購入点数を増やしてしまう

079 …………… ハズレ馬券を買った理由を他人のせいにしてはダメです

080 …………… 単勝人気はその馬の能力を示す数値ではない

081 …………… 根拠のない馬券は買えば買うほどマイナスになる

082 …………… レース直前に入ってくる情報に惑わされないよう注意!

083 …………… 人気馬が複数存在するボックス馬券には注意せよ!

084 …………… 自分が競馬で使える金額を把握しておく

085 …………… 判定が出たレースがオッズ馬券ではGIレースです

086 …………… 馬券攻略への常識5
　　　　　　　　競馬の世界で先入観をもつとハズレ馬券を買うことになります!

088 …………… コラム5　異常に売れている馬の原因を探る

089 ················· **第5章** **馬券の組み立て方**

090 ················· フォーメーション馬券で回収率をアップさせる買い方はコレだ!

092 ················· 対極馬券を意識する買い方は回収率をアップさせることになる

094 ················· 少頭数レースの場合は下位ランクすべてを相手に選ぶべきです

096 ················· 馬連ランク2位→3位、5位→6位を追加して的中率をあげる

098 ················· ルールから危険な1番人気と判定されたときの対処法はコレだ!

100 ················· 少頭数レースでも超1番人気が消えるだけで万馬券となる

102 ················· 馬券攻略への常識6
　　　　　　　　　 馬連1番人気が15倍を超えるレースの特徴が教えてくれること

104 ················· コラム6　ハズレ馬券は的中馬券へのパスポート

105 ················· **第6章** **100万円馬券を攻略**

106 ················· 100万円馬券が飛び出す可能性があるかを9時半のオッズで分析

108 ················· 実例で覚える!　１００万円馬券の常識①

110 ················· 実例で覚える!　１００万円馬券の常識②

112 ················· 実例で覚える!　１００万円馬券の常識③

114 ················· 実例で覚える!　１００万円馬券の常識④

116 ················· 実例で覚える!　１００万円馬券の常識⑤

118 ················· 馬券攻略への常識7
　　　　　　　　　 超穴馬からのワイド馬券で万馬券を数点流しでＧＥＴする!

120 ……………… コラム 7 納得した馬券はハズレても後悔しない！

121 ……………… 第7章 WIN5を攻略

122 ……………… WIN5をWIN4に変えてしまうことが大切な作業だ

124 ……………… WIN5で100万円馬券になるレースだけを狙い撃ちするのが重要

126 ……………… WIN5の配当金額とそれを演出する馬の人気との関係を知る

128 ……………… WIN5で100万円になったレースの特徴を調べてみる

130 ……………… 同じ買い方を続けることがWIN5攻略への近道となります

132 ……………… 5〜8番人気をどう選び出すかが大きなポイントとなります

134 ……………… 馬券攻略への常識8
WIN5は1年で1回的中させるだけで回収率は100％を超える

136 ……………… おわりに…

オッズ
馬券の
新常識

ネット馬券

いつもと変わらない環境で馬券を検討することが
可能となっているネット投票。
競馬の世界に潜む2つの欲をコントロールしながら
的中馬券に近づけていきましょう。
ネット投票のメリットを活用しない手はありません！

ネット投票は
考え方次第では
大きくプラスに作用する 01

発想の転換が馬券収支を大きく変える

　新型コロナウイルス感染拡大防止の
ため、ＪＲＡは２月末から無観客競馬
を施行。馬券はネットだけでの発売に
なりました。これにより、いつもは競馬
場やウインズで馬券を買っていた人も、
ネットで馬券を購入するようになりまし
た。「ネット投票」、すなわち "おうちで
競馬" という状態です。

　ライブ感覚で競馬を楽しんでいたファ
ンにとっては物足りないかと思います
が、実はこの「ネット投票」は馬券で勝
つにはプラスに作用するのです。

　まずは「ネット投票」のメリットとデ
メリットについて考えてみましょう。「ネッ
ト投票」は "おうちで競馬" ですから、
恵まれた環境で馬券を検討することが
できます。それは検討をする時間が十
分確保できることにもつながります。ま
た「ネット投票」では、不必要な情報
をカットすることも可能です。人間は知
り合いから直接受ける情報より、見ず
知らずの人が囁く情報のほうを信じてし

まう傾向にあります（これを心理学では
「ウィンザー効果」といいます）。競馬
場やウインズにいると、いやが上にも
不必要な情報が入ってきてしまいます
が、"おうちで競馬" 状態で検討してい
るわけですから、不必要な情報は完全
に遮断することができます。

　もちろん「ネット投票」のデメリットも
あります。直接ライブでレースを観戦で
きないわけですから、臨場感はもちろ
んありません。すなわち興奮度が低くな
ります。またゆっくり時間をかけて検討
できる環境にあるということは、馬券を
購入する環境も整っていることになりま
す。つまりダラダラと無駄な馬券を買っ
てしまう危険性があるのです。

　臨場感を味わえないというデメリット
こそありますが、無駄な馬券を避けると
いう点は、取り組み方一つで克服可能
で、それほど怖いことではありません。
つまり、全体的に考えれば、"おうちで
競馬" はメリットの方が大きいのです。

無観客で行われている競馬場の様子

▲パドック

▲スタンド

ネット投票　　＝　　おうちで競馬

メリット

デメリット

- 無駄な情報が入ってこない
- 恵まれた環境で検討をすることができる

- 臨場感を味わうことができない
- 無駄な馬券を買ってしまう危険性がある

POINT

ネット投票の特徴をうまく活用することができれば、無駄な馬券を避けることが可能になります！

競馬 ひとくち メモ

無観客の中で笠松の女性騎手がデビュー

2020年4月1日に、笠松競馬場で20年ぶりに女性騎手が誕生しました。18歳の深沢杏花騎手です。しかし残念なことに、新型コロナウイルスの影響で、デビュー戦は無観客でのレースとなってしまいました。

ネット投票だから2つの欲を
コントロールできる
メリットを活かす

02

人間は欲を求めてしまう傾向にある

人間には常に欲というものがつきまとうものです。直接お金が絡む「馬券」の世界では、特に顕著にそれは表れます。拙著『馬券攻略Xファイル』でも申し上げましたが、馬券には2つの欲が存在していると考えています。ひとつ目は、「金という欲を求める」ものです。もうひとつは、「快楽という欲を求める」ものです。多くの競馬ファンは自分で考えた予想に従い馬券を購入し、予想を的中させ、払戻金としてお金を受け取ります。馬券を常に的中させ、お金を儲けたいという感情を抱くのは人間の性というもので、否定することはできません。レースを観戦し、自分の予想通りの結果で決着したときほど興奮するものです。特にそれがGIレースのような大きなレースですと、その喜びもさらに増幅するものです。

馬券を的中させ儲ける欲が「金という欲を求める」という欲であり、レースを観戦し興奮を覚えるのが「快楽という

欲を求める」という欲なのです。このふたつの欲を常に求めるために、馬券を外して悔しがったり、我を忘れてそれほど検討していないレースの馬券にまで手が出て買ってしまったりするのです。

競馬場へ行き、途中のレースで大きく儲けたとしましょう。しかしその時点でその後のレースを見送り、その日の収支をプラスで終了する人は少ないものです。その後のレースで自信のあるレース、じっくり検討をしたレースがあるのであれば、馬券を購入しても構いませんが、メインレースだからといって、それほど検討をしないレースの馬券を買っていたら、長い目でみたら必ず馬券の収支は悪化するものなのです。せっかく収支がプラスの時点があるにも関わらず、結果マイナスになるのです。2つの欲の姿を意識することは馬券収支に大きく影響します。

金

金という欲を求める

快楽

快楽という欲を求める

競馬ファンは2つの欲を求め続ける

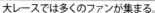
大レースでは多くのファンが集まる。

馬券を当てたい

興奮したい

競馬には「金」と「快楽」の2つの欲が存在していて、これを自覚することは重要です！

POINT

2つの欲を常に求め続けると無駄な馬券を買い、感情がコントロールできなくなってしまいます！

競馬 ひとくち メモ

初めてのＴＶ中継は中山大障害

テレビで初めて競馬中継が放送されたのは、1953年6月28日、ＮＨＫで放送された中山大障害です。本来はその年のダービーの放映を予定していましたが、技術的な関係で間に合わなかったといいます。

9時半のオッズは馬券を検討する上でどうして基本となるのか 03

レースの性格を見抜くことが勝利への第一歩

　カップ一杯の水の中に角砂糖をひとつ入れたとしましょう。カップの水を飲むと甘い感覚がわかると思います。ところが、これが鍋などの大きな器の中に角砂糖をひとつ入れた場合はどうでしょうか？　おそらく甘い感覚はなくなっていると思います。オッズ馬券では9時半のオッズがカップ一杯の水であり、レース直前になると、どんどん器が大きくなる鍋のようになると考えています。後ほど詳しく説明しますが、オッズ馬券は馬連オッズ、単勝オッズ、複勝オッズのバランスが基本となっています。そのバランスが崩れているとレースは波乱になる可能性が高く、反対にバランスが整っているとレースは本命サイドに近づいていくのです。カップ一杯のときにはバランスを見極めることが可能ですが、大きな器になってしまうと、バランスを見極めることが難しくなってしまうのです。ですから9時半のオッズが基本となるのです。

　今ではスマホやパソコンがあれば、カンタンにオッズを取得することが可能です。しかしオッズ馬券を研究し始めたころは、オッズは競馬場やウインズに行かなければ取得できませんでした（オッズプリンターが競馬場やウインズに設置されたのもそんな古い話ではありません）。

　では、どうして9時半のオッズが基本となるのでしょうか？　それは当時、オッズプリンターが動き始める時間が9時半だったからです。動き始めの時間、これはつまり、JRAが公式に発表する一番最初のオッズということです。私はこのオッズに何か的中馬券のヒントになるものはないかと分析を続けた結果、馬連、単勝、複勝オッズとのバランスとレース結果の関係を発見し、穴馬を見つけ出すことに成功したのです。それ以降、9時半のオッズは馬券で勝利するための重要なツールとなっているのです。

9時半のオッズ　　　　　　　　　　直前のオッズ

＝　　　　　　　　　　　　　　　＝

本質が見える　　　　　　　　　　本質が見えない

9時半のオッズ

レースの　　　　　　　　　　　　　　　　　穴馬を
性格を　　　　　　　　　　　　　　　　見つけることが
見極められる　　　　　　　　　　　　　　　　できる

馬券で勝利するためには9時半のオッズは必須アイテム

万馬券を演出する穴馬の本質を見抜くことを可能にしたのが9時半のオッズだったのです！

競馬 ひとくち メモ

ウオッカが戦後初となる牝馬によるダービー制覇

2007年のダービーを制したのは牝馬のウオッカ。牝馬のダービー制覇は1937年のヒサトモ、1943年のクリフジに続き史上3頭目の快挙。戦後では初、実に64年振りの出来事だったのです。

枠連オッズと馬連オッズを比較して超穴馬を見つけ出す方法

バランスを大きく崩したゾロ目のオッズに注意せよ!

　私は 2020 年のフェブラリーＳで、16頭立ての最低人気である⑮番ケイティブレイブを狙い撃ちしました。普通の検討方法では、なかなか最低人気の馬から馬券を組み立てることは難しいものです。しかし、ちょっとした作業をするだけで、この最低人気の馬に対し"馬券に絡む可能性がある"と見立てることができたのです。その作業とは、枠連オッズと馬連オッズを比較するというものです。枠連は１、２着を的中させる馬券で、順不同で当たりになるという基本部分においては馬連と一緒です。しかしこの枠連と馬連、ほぼ同義の馬券でありながら、時にオッズに大きな開きが生じることがあります。そして、そういった"開き"が出ているレースにチャンスが潜んでいるのです。

　2020 年のフェブラリーＳでは、前売りオッズで枠連８－８が 516 倍なのに対し、同じ組み合わせの馬連⑮-⑯が 1392 倍と大きな開きがありました。同じ組み合わせでありながら、枠連と馬連との間でこれだけ大きな差があったのです。このような大きな差があったケースでは、その枠、つまりこの場合でしたら８枠の⑮番と⑯番に注意が必要となります（私のブログでもレース前日にこのことは発表しました）。レース結果は超人気薄の⑮番ケイティブレイブが、直線で抜け出し２着に入線。勝ったのは１番人気の⑫番モズアスコットで、３着は３番人気の⑨番サンライズノヴァと比較的人気どころが来ましたが、３連複は９万 5310 円。ワイド馬券もそれぞれ１万円を超える配当となったのです。

　ちなみに、フェブラリーＳの前日に行われたダイヤモンドＳも波乱のレースとなりました。こちらは、最低人気の⑯番ミライヘノツバサが勝利しましたが、この時の確定オッズも枠連８－８が 492倍なのに対し馬連⑮-⑯は 1670 倍と、オッズに大きな乖離が生じていたのです。

枠連オッズ　馬連オッズ

同じ組み合わせのオッズを比較する

フェブラリーステークス

枠連　8－8　➡　516倍

馬連　⑮－⑯　➡　1392倍

同じ組み合わせなのに
オッズに開きがある!
=
8枠が怪しい
(特に人気薄の⑮番)

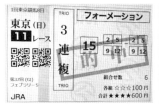

 怪しい⑮番から3連複とワイド馬券を組み立てる

レース結果

⑫→⑮→⑨
3連複　95,310円
ワイド　⑫－⑮　11,170円
　　　　⑨－⑮　18,320円

POINT

枠連と馬連の同じ組み合わせで、オッズのバランスが崩れていた場合は、激走のサインとなる場合があるので注意が必要です。

競馬 ひとくち メモ

デビュー戦でオークス制覇?

1939年、オークスの前身である阪神優駿牝馬で1位入線のヒサヨシからレース後、興奮剤が検出され失格処分になりました。ヒサヨシはこれがデビュー戦というのだから今では考えられないことです。

ネット投票がこれからの主流になる

　新型コロナウイルス問題で競馬は２月下旬から無観客でのレースをスタートさせてきました。競馬場やWINSは閉鎖され、ネット投票しか馬券は発売されなくなったのです。ネット投票にはメリットもデメリットも存在することは申し上げました。在宅勤務を中心に展開する企業も増え、生活様式も大きく変わろうとしています。競馬の世界も、いい意味でも悪い意味でも大きな曲がり角にさしかかっているのではないでしょうか。いずれにしてもこれからの馬券の世界はネット投票が重要な役割を担うのではないかと考えられます。もちろんライブで競馬を観戦することは楽しいものです。サラブレッドの走る姿は馬券の勝ち負けに関係なく、私たち競馬ファンに大きな感動を与えてくれます。

　私は競馬には２つの欲があると申し上げ続けてきました。「金」と「快楽」という欲です。「金」の欲とは馬券で的中馬券を求める欲であり、「快楽」の欲とは競馬場で観戦し興奮を求める欲のことです。それがネット投票により、徐々にではありますが、スマホやテレビ画面を通じて「快楽」も得られるようになったのではないでしょうか。ネット投票により売り上げが前年比で大きな落ち込みが見られないのも、多くの競馬ファンがネット投票を受け入れている証拠だと思います。ＪＲＡには今後、ネット投票に対するさらなる取り組み（サービス）に期待したいです。

オッズ
馬券の
新常識

第 1 章

攻略の基本

9時半のオッズを調べるだけでレースは
「本命型レース」「中穴型レース」「大穴型レース」の
3つのパターンに分類することができます。
本命型レースで人気馬に、大穴型レースで穴馬に
注目するのが的中馬券への近道です!

万馬券が飛び出すときには3つのパターンがあることを知る

万馬券になった理由を考えてみる

万馬券は大きく分けて3つのパターンがあると思っています。1つ目は超1番人気が消えてしまったときに起こる万馬券です。2つ目は穴馬が馬券に絡んで出現する万馬券、そして3つ目は5〜8番人気馬同士が馬券に絡んで出現する万馬券です。この3つのパターンの万馬券が狙ってとれる万馬券なのか、自らが実践している現状の検討方法では的中させることが難しい万馬券なのかを見極める必要もあります。

オッズ馬券ではレースの性格、すなわち本命型レースなのか、大穴型レースなのか、また中穴型レースなのかを事前に分類することによって、そのレースで起こりうる可能性のある万馬券を探る（見立てる）ことが可能です。本命型レースとジャッジされれば、1番人気が信用できるかどうかを調べ、特に超1番人気が危険だと察知できれば、その超1番人気が消えたときに発生する万馬券を的中させることができます。大

穴型レースであれば、もともとそのレースは波乱になる可能性が高いのですから、単純に穴馬を見つけ出していけばいいのです。中穴型レースも同様に、5〜8番人気のような中穴が活躍するレースだとわかっているわけですから、5〜8番人気の馬を中心に検討すればいいだけなのです。

レースを検討する前に、"レースの性質を見極める作業"に時間を割いている人はあまりいないと思います。現実に私の周りの競馬ファンのほとんどは、レースが波乱になるかどうかというレースの性質を見極めることを、それほど重視していません。馬券の検討方法は競馬ファンが10人いれば10通りあると思っています。ただ、高配当馬券を狙うためには、レースの性質を調べるのは重要な要素ではないでしょうか。万馬券の出やすいレースで穴馬券を買うほうが無駄もなく、的中確率も当然のように上がるはずです。

万馬券の3つのパターン

| 超1番人気が消えたとき | 穴馬が馬券に絡む | 中穴馬同士が馬券になる |

オッズ馬券術

| 本命型レース | 中穴型レース | 大穴型レース |

| ↓ | ↓ | ↓ |
| 1〜4人気注意 | 5〜8人気注意 | 9人気以降注意 |

万馬券の発生には原因があります。どのようなパターンで出現したのかを見極めることが大切です！

POINT
オッズ馬券で狙い撃ちできる万馬券の姿を理解することは、万馬券を的中させるための第一歩なのです！

競馬 ひとくち メモ

馬名のないダービー馬が存在する！

1797年、第18回のイギリス、エピソムダービーの勝ち馬には名前がありません。18世紀以前の競走馬には名前をつける必要がなかったといいます。今ではとても考えられないことです。

9時半のオッズから
レースを2つのパターンに
仕分けていく

競馬予報は的中馬券へ近づくことになる

　すでに拙著『オッズ馬券の教科書』他を読まれた方は内容がダブりますが、「競馬予報」は非常に大切な要素なので、今一度確認するという意味でお付き合いください。

　ほとんどの競馬ファンの方は、枠順が発表になりますと、レースごとに検討を開始すると思います。まず最初にレースが「大穴型」なのか「本命型」なのかを意識して馬券の検討に入る人は非常に少ないと思います。ところが、的中馬券をGETするには、そのレースが「大穴型」なのか「本命型」なのかを知ることが非常に重要なのです。

　その大事な「競馬予報」においては、9時半のオッズを使います。チェックするポイントは2つだけです。

　① 単勝30倍以内の馬が10頭以上いる

　② 馬連1番人気のオッズが9倍以上である

　この2つの条件をクリアしているレースが「大穴型」レース、すなわち波乱になる可能性の高いレースということになるのです。

　馬連1番人気のオッズが4倍未満のケースが「本命型」、4倍以上9倍未満のケースは「中穴型」と分類されます。このようにレースを分類することが「競馬予報」なのです。

　後章でも紹介しますが、9時半のオッズで私が一番重要視しているのが「バランス」です。単勝や複勝を中心に馬券を買う人、馬連馬券を中心に買う人は、それぞれ違う競馬ファンだと考えています。その人たちの買う馬券の動きが顕著に表れるのは9時半のオッズなのです。そしてそのオッズの「バランス」から穴馬が見えてくるのです。

　オッズを中心にして馬券を組み立てていない競馬ファンの方でも、この「大穴型」なのか「本命型」なのかを区分けする方法だけは、覚えておいて損はないと思います。

穴レースを見つけ出すルール

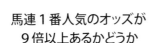

朝9時半のオッズを取得

馬連1番人気のオッズが
9倍以上あるかどうか

単勝30倍以内の馬が
10頭以上いるかどうか

ない　　　　ある　　　　いる　　　　いない

穴レース失格　　クリア　　クリア　　穴レース失格

2大条件をクリアしたレースは
穴候補レース

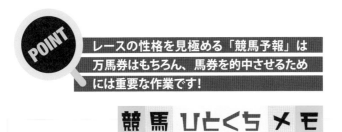

POINT　レースの性格を見極める「競馬予報」は
万馬券はもちろん、馬券を的中させるため
には重要な作業です！

競馬 ひとくち メモ

中山大障害は長い歴史があります

年末の中山競馬場で行われる名物レース・中山大障害は、1934年肥田金一郎が東京優駿（日本ダービー）に匹敵する中山競馬場の名物競走を作る目的として創設した障害競走です。

馬連の人気ランクは
JRAのHPからカンタンに
並び替えられる

単勝１番人気絡みの馬連オッズを人気順に並べる

　単勝オッズや複勝オッズの人気順は簡単に知ることが可能です。特に単勝オッズは、ＪＲＡのホームページでも、人気順という箇所をクリックするだけで、すぐに人気順に並び替えたオッズを見ることが可能です。しかし馬連オッズの人気順は、すべての馬連の組み合わせを、人気順に並び替えたものしか発表されていません。特定の馬番だけに限って、発表していないのが現実です。大穴型のレースで穴馬を見つけ出すには、単勝１番人気絡みの馬番から馬連オッズを、人気順に並び替えなければなりません。

　ここで馬連ランクとはいったいどのように決定していくかを説明したいと思います。馬連ランクの基本となるのは単勝１番人気なのです。９時半のオッズから単勝１番人気を探しだし、その馬絡みの馬連オッズをすべて抽出します。単勝１番人気が⑨番の馬で、その馬絡みの馬連オッズが【表Ａ】のようなオッ

ズだと仮定しましょう。すると⑤－⑨の組み合わせオッズが 12.8 倍で１番低いオッズであることがわかります。２番目に低いオッズが⑨－⑫の 13.6 倍です。以下④－⑨の 15.6 倍、⑦－⑨の 15.6 倍という順番になっています。それをひとつの表にまとめると【表Ｂ】のようになります。馬連ランクとは、１位⑨番、２位⑤番、３位⑫番、４位④番、５位⑦番…のことをいいます。たとえば馬連ランク 10 位といえば、⑨番絡みの馬連オッズで 10 番目の人気のオッズである⑥番ということになります。

　ここでひとつだけ注意してもらいたい点があります。馬連１番人気のオッズが①－②のときに単勝１番人気が③番のように、馬連１番人気の組み合わせにない馬が１番人気のケースがあります。そのときは、馬連１番人気の馬番の単勝上位人気の馬から並び替えていきます。

表A　単勝1番人気⑨番絡みの馬連オッズ

①－⑨ 104 倍	⑤－⑨ 12.8 倍	⑨－⑩ 19.7 倍
②－⑨ 78.0 倍	⑥－⑨ 83.6 倍	⑨－⑪ 96.9 倍
③－⑨ 101 倍	⑦－⑨ 15.6 倍	⑨－⑫ 13.6 倍
④－⑨ 15.6 倍	⑧－⑨ 42.1 倍	⑨－⑬ 25.3 倍

表B

	1位	2位	3位	4位	5位	6位	7位	8位	9位	10位	11位	12位	13位
馬連	9	5	12	4	7	10	13	8	2	6	11	3	1
オッズ		12.8	13.6	15.6	15.6	19.7	25.3	42.1	78.0	83.6	96.9	101	104

馬連1番人気に単勝1番人気が
いないときのルール

単勝1番人気＝③番
馬連1番人気＝①－②

①番と②番の単勝オッズを調べ
売れているほうからの馬連オッズを調べます！

POINT 馬連の人気順に注目している人は少ないです。馬連の人気ランクは穴馬を見つけ出す重要なツールのひとつです！

競馬 ひとくち メモ

馬は夜でも目が見えている

馬の目を夜見てみると光っていることがわかります。これは夜でも回りが見えているという証拠でもあるでしょう。ナイター競馬が問題なく行われているのは、馬が夜でも目が見えているからかもしれません。

馬連オッズと単勝と
複勝オッズの間のバランスを
見極めることが重要

バランスから馬券に絡む穴馬を見つけ出す

　既刊『回収率をあげる オッズ馬券の奥義』他で申し上げ続けていますが、私は馬連馬券を中心に買う層と単勝や複勝馬券を中心に買う層は異なっていると思っています。この考え方が基本となり、レースが波乱になるのか本命サイドでまとまるのかを判断する材料にしております。【表A】をご覧ください。こちらは2020年5月24日、新潟12レースのものです。詳しい馬券の買い方などは後ほど紹介しますが（60頁参照）、ここでは、馬連と単勝、複勝オッズとのバランスについて解説してみたいと思います。

　この【表A】は馬連、単勝、複勝オッズを人気順に並び替えたものです。まず馬連ランク12位の⑨番に注目してください。単勝ランクでは6位に、複勝ランクではなんと2位に上昇していることがわかります。つまりこれは馬連馬券を中心に馬券を購入している層には⑨番は注目されていませんが、単勝や複勝

馬券の購入層には注目されていることを示しています。単勝や複勝馬券を中心に馬券を買う人たちは、馬主をはじめその馬のことに関して詳しい人たちが購入する馬券だと思っています。その人たちが特定の馬を購入した結果が、馬連ランクと比べて単勝や複勝ランクが上昇するときの結果として現れるのです。

　このように馬連と単勝、複勝ランクとのバランスがとれていないレースは波乱になる可能性が高いのです。反対に、馬連ランクや単勝、複勝ランクがほとんど同じようなレースはどうでしょうか。すなわちバランスがとれているレースは人気通りの結果になる可能性が高くなるのです。

　馬連や単勝、複勝ランクを人気順に並び替えてそのランクが揃っているか、乱れているかを調べることによって、レースが波乱になるのか本命サイドでまとまる可能性が高いかを見極めることができるのです。

表A　2020年5月24日・新潟12レース

	1位	2位	3位	4位	5位	6位	7位	8位	9位	10位	11位	12位	13位	14位	15位
馬連	1	3	10	14	15	13	4	5	11	8	7	9	2	6	12
オッズ		11.2	16.2	25.3	26.1	26.4	27.9	30.2	36.0	39.0	49.2	56.9	170	184	211
単勝	10	1	3	13	15	9	4	14	8	11	12	7	5	6	2
オッズ	5.1	5.4	7.9	8.1	8.2	11.4	12.8	15.9	16.1	16.9	23.0	27.8	32.7	39.0	56.9
複勝	10	9	13	1	3	14	8	15	4	11	7	12	5	6	2
オッズ	2.5	2.9	3.0	3.6	3.8	3.9	4.1	4.2	4.6	4.6	5.2	7.5	7.7	11.1	11.2

馬連12位の⑨番が単勝6位、複勝2位に上昇

馬連馬券を買っている人	単・複馬券を買っている人
⑨番には注目していない	⑨番に注目している

⑨番は馬連オッズと単勝、複勝オッズと比較するとバランスが崩れていることがわかります。

POINT　馬連ランクと比較して単勝オッズや複勝オッズのランクが大きく上昇している馬には注意しましょう!

競馬 ひとくち メモ

馬の10歳は人間では約40歳?

馬の年齢を人間に換算する方法として色々な説がありますが、そのひとつの説から計算すると馬の10歳は人間の35歳から40歳くらいではないかといわれています。40歳でも速く、しっかり走るのだから驚きです。

5つの基本的なルールを理解することが万馬券GETへの近道だ

5つのルールから穴馬を浮上させていく

　オッズ馬券術では万馬券を的中させるために5つの基本ルールがあります。一番重要で頻繁に活用するのが「オッズの壁」です。前項のルールに従って馬連ランクを人気順に並び替えていき、ランク間に乖離差（高いオッズを低いオッズで割る）が1.8倍以上あるところを指します。その前の2頭が馬券に絡みやすいのです。

　2つ目は「突入＆移動馬」のルールです。これは馬連ランクと比較して、単勝や複勝ランクに5ランク以上上昇している馬を穴馬候補とするルールです。前項で紹介しました2020年5月24日、新潟12レースの⑨番のような馬が該当します。

　3つ目は「時系列のオッズ」です。穴馬の条件をクリアしたレースで、馬連ランク9位から14位の馬の単勝＆複勝オッズが9時半のオッズと10時半のオッズと比較して売れている馬を穴馬候補とするものです。

　4つ目は「複勝6倍の壁」です。これは複勝ランクを並び替え、複勝オッズ6倍を超えた箇所を見つけ出し、その前の2頭が穴馬候補になるというルールです。

　最後に5つ目の「馬連人気分布表」です。馬連ランクを人気順にタテ軸とヨコ軸にオッズを並び替えた表の中で、売れている組み合わせを見つけ出して穴馬を浮上させるルールです。

　これらの5つのルールについては第3章でもっと詳しく実際のレースを使って解説していきますので、ここでは「オッズの壁」「突入＆移動馬」「時系列のオッズ」「複勝6倍の壁」「馬連人気分布表」という穴馬を見つけ出すルールがあるということだけを覚えておいてください。そして穴馬が見つかりましたら、どのように馬券を組み立てていけばいいのかについても、第5章で紹介しますので、そちらをご覧いただければ理解できると思います。

オッズの
壁

突入&
移動馬

時系列の
オッズ
チェック

馬連人気
分布表

複勝
6倍の壁

5つのルールが万馬券に絡む穴馬を浮上させる

オッズ馬券で万馬券的中

競馬予報
レースの性格を
見極める

5つのルール
穴馬を
見つけ出す

万馬券を演出する穴馬がオッズでどのような動きをしているのか、その特徴をしっかりと理解しておこう!

競馬 ひとくち メモ

異国情緒たっぷりのウインズ

2002年7月20日にオープンしたウインズ佐世保は、ハウステンボスに隣接しており、オランダの町並みを再現した施設となっています。ハウステンボスからもウインズに入れます。

超1番人気の信頼度を調べることは非常に大切なことだ!

1番人気の馬の取捨が的中馬券を左右する

1番人気の馬の取捨が的中馬券につながることはいうまでもありません。

具体的にどのようにすれば超1番人気の馬が信用できるかどうかわかるのでしょうか。新聞で上から下までズラリと◎印が並んでいる馬は、どんな時間帯のオッズでもしっかりとした、"1番人気の姿"をしていなければなりません。

日刊スポーツ紙の競馬欄には「コンピ指数」という数値が掲載されています。事前に登録すれば、ネットでも前日18時頃から見ることができます。そのコンピ指数でランク1位の指数が88ポイントか90ポイントの馬に注目します。コンピ指数が88ポイントか90ポイントの馬は、競馬新聞において◎印が並んでいる馬であることが予想されます。つまり2倍を切るような超1番人気になる可能性の高い馬なのです。この馬がレース当日の9時半の単勝オッズや複勝オッズでどのような姿になっているか調べることにより、信用で

きる超1番人気か危険な1番人気か判断できるのです。ひとつの基準値として、単勝オッズが4.0倍以上、複勝オッズの上限が2.0倍以上でしたら、危険な1番人気となり1着にならない可能性が高いのです。この2条件ともに該当している馬は、1着にならないどころか、馬券の対象にもならない(3着にも入らない)ケースが多いものです。

9時半の段階で4.2倍という顔をしていても、発走時間が近づくにつれ、本来の姿であるオッズ(2倍を切る)に近づいてくるので、危険な1番人気であることがわからなくなってしまいます。しかし、9時半の単勝と複勝オッズからは判別できます。危険な超1番人気と判定されたレースでは、単勝2番人気か3番人気が馬券に絡む可能性が高く、超1番人気が負けるわけですから2、3番人気でも結構な配当が期待できます(100頁参照)。

上から下まで
◎印が
スラリと並んで
いる

コンピ指数の
1位が 88 P か
90 P である馬

信用できない

信用できる

9時半の
オッズ

単勝４．０倍以上
複勝２．０倍以上

単勝２．０倍以下
複勝１．５倍以下

上記のオッズに該当した
超1番人気の馬は
時系列でのオッズチェックが
必要です

注意

POINT

超１番人気に支持されていても、オッズの
数値をみれば消える危険な１番人気かどう
か見極めることができます！

競馬 ひとくち メモ

中京競馬場はＪＲＡの所有ではない

中京競馬場は名古屋競馬株式会社という会社が施設を所有・整備しています。
つまりＪＲＡの所有物ではないのです。ＪＲＡが所有しているのはスタンドの
一部（ツインハット部分）だけなのです。

3連複馬券の
人気順のオッズで
超1番人気の信頼度がわかる

超1番人気は3連複でも売れてるはずです

　超1番人気の信頼度を測るひとつの基準として9時半のオッズから、単勝オッズが４．０倍以上、もしくは複勝オッズが２．０倍以上のケースであるということを紹介しました。しかし9時半のオッズで、単勝オッズが1倍台、複勝オッズも１．５倍以下といった、完璧な超1番人気馬のオッズを示しているからといって１００％信頼してもいいのでしょうか？　それは違います。まだ疑ってかかる必要があるのです。それが3連複の人気順のオッズです。

　単勝が1倍台の超1番人気馬は3連複でも売れていないとおかしいです。3連複の人気順のオッズはJRAのホームページで誰でも簡単にチェックすることが可能です。取得する時間帯は9時半のオッズでなくても大丈夫です。

　このことは拙著『競馬力を上げる馬券統計学の教科書』の中でも紹介しました。紹介した内容は2019年5月26日に行われた日本ダービーのオッズを

使ったものです。【表A】のオッズが2019年5月26日に行われた日本ダービーの人気順に並び替えた3連複のオッズです（最終オッズ）。超1番人気は⑥番で、上位人気は確かに⑥番絡みのオッズが並んでいます。しかし15番人気の⑦－⑬－⑭が55.7倍、16番人気の⑦－⑫－⑬が58.1倍となっており、⑥番が絡んでいないオッズが50倍台と売れています。それは超1番人気の⑥番は2着以下になるという危険信号を意味します。基準値では50倍台以下は危険な1番人気、信頼できる1番人気は絡んでいなくて80倍台以上という過去のデータがあります。2020年6月7日の安田記念で超1番人気、⑤番アーモンドアイが2着に敗れましたが、そのときの3連複の人気順のオッズは①－②－⑥で77.2倍（最終オッズ）、9時半のオッズではなんと70倍程度だったのです。私はブログでもアーモンドアイに対して警鐘を鳴らしたものです。

表A 日本ダービーの3連複人気順のオッズ

1番人気　⑥番　単勝 1.6 倍　複勝 1.1 倍

1 人気	⑥ーⓆーⒼ	3.6 倍	11 人気	①ー⑥ーⒼ	45.2 倍
2 人気	⑥ーⒼーⒼ	19.0 倍	11 人気	⑥ーⒼーⒼ	45.2 倍
3 人気	⑥ーⓆーⒼ	22.0 倍	13 人気	⑥ーⒼーⒼ	50.3 倍
4 人気	⑥ーⒼーⒼ	22.9 倍	14 人気	⑥ーⓆーⒼ	52.0 倍
5 人気	⑥ーⓆーⒼ	27.7 倍	15 人気	ⓆーⒼーⒼ	55.7 倍
6 人気	⑥ーⒼーⒼ	29.6 倍	16 人気	ⓆーⒼーⒼ	58.1 倍
7 人気	⑥ーⓆーⒼ	34.9 倍			
8 人気	④ー⑥ーⒼ	38.5 倍			
9 人気	④ー⑥ーⓆ	41.3 倍			
10 人気	①ー⑥ーⓆ	43.1 倍			

> 15 人気で
> ⑥番が絡んでいない
> 組み合わせが登場する

2020 年
安田記念
超 1 番人気
⑤番
アーモンドアイ

→

3 連複
①ー②ー⑥
77.2 倍

→

⑤番は
1 着にならない
可能性がある！

POINT

超 1 番人気の信頼度を測るひとつの指針
として、3 連複の人気順のオッズをチェッ
クする方法があります！

競馬 ひとくち メモ

「カンパイ」は聞き間違いがルーツ

スタートのやり直しを「カンパイ」といいますが、外国人のスターターが出走
馬に対し「カムバック」と伝えたのを日本人が「カンパイ」と聞き間違えた事
からそういわれ始めたという説があります。

回収率をアップさせるには配当的にみて3連単より3連複馬券

購入点数と配当との関係を比べてみる

　ＪＲＡでは現在、単勝、複勝、枠連、ワイド、馬連、馬単、３連複、３連単の８種類の馬券を発売しています（他にWIN5）。その中で一番支持されている馬券は３連系の馬券です。2020年の日本ダービーの例をみても、全体の売り上げ約233億円、その中で３連系馬券は３連複が約47億円、３連単が約97億円、合わせると６割以上３連系馬券が売れていたのです。馬券で回収率をアップさせるのは、いかに高配当馬券を的中させることができるかにかかっています。なぜなら、必ずしも的中率と回収率は比例しないからです。低配当馬券を連続して的中させていれば、確かに的中率はアップします。しかし的中率を維持し続けないと回収率がアップしないという弱点があります。高配当馬券を狙い続けていれば、たとえ的中率が10～20%程度でも回収率をアップさせることは可能なのです。

　その中で注目したのが３連複馬券です。効果的に高配当馬券を狙い撃ちするには３着までに入ればいい穴馬を見つければよく、さらに的中すれば結構な配当が望めるからです。しかし闇雲に高配当馬券を狙い続けていけばいいわけではありません。オッズ馬券ではしっかりとしたルールから３着までに絡む可能性の高い穴馬を見つけ出すことができます。

　穴馬から３連複フォーメーションを組み立てるわけですが、３連単馬券では３連複馬券の６倍の点数が必要になってきます。しかし穴馬が１着にならない限り、多くのケースでは３連単の配当は３連複の配当の６倍以下です。しかも３連単馬券を買い続けるにはかなりの点数と資金が必要になってきます。このような理由からオッズ馬券では穴馬からの馬券は３連複を中心に組み立てているのです。

JRAで現在発売されている馬券

単勝　複勝　馬連　馬単　枠連　ワイド　3連複　3連単　WIN5

3連系の馬券は
人気があります

1番
売れている

3連複馬券と3連単馬券の関係

3連複の
配当
×6

　＞

3連単の
配当

3連単馬券の配当は3連複馬券の配当の
6倍以下のケースが多い

POINT

3着まで絡む可能性の高い穴馬からの馬
券は配当と購入点数のバランスを考えると
3連複馬券が適しています！

競馬 ひとくち メモ

小岩井農場は元サラブレッドの生産地

今では乳製品で有名な小岩井農場ですが、かつてはサラブレッドを生産して
いました。民間で外国から優れた繁殖牝馬を輸入できるのは、三菱財閥の小
岩井農場など大資本を持つ牧場に限定されていたのです。

万馬券は的中者が少ないから万馬券

　枠連馬券が主流の時代では、万馬券的中が非常に難しいものでした。そもそも万馬券があまり出現しなかったのも事実です。単勝や枠連で１万円を超えるような配当が飛び出すと、競馬場内がどよめいたものです。それが馬連馬券が発売されるようになり、さらには３連複や３連単馬券が発売されるようになると、逆に万馬券が出現しない日がなくなってしまったのです。

　しかし毎日のように出現している万馬券ですが、なかなか的中しないから万馬券なのです。年末になると宝くじを求め行列を作る姿を見かけますが、１等の当選金額が上がったからといって、当たりやすくなったわけではありません。馬券の世界も同様なのです。

　馬券と宝くじとの違いは、攻略方法があるかないかという点です。宝くじで連続して当選し続けている人はまずいないと思われます。しかし馬券の世界では連続して的中し続けている人は存在します。的中させることが難しい万馬券でも、連続して的中し続けている人がいるのですから、攻略方法はあるはずです。自分の予想スタンスをもたずに競馬新聞とにらめっこして馬券を買ってもなかなか当たらないものです。

　ネット投票で新しく馬券の世界に飛び込んできた人が増えている今、どうして万馬券になったのか、そのレースを冷静に見つめ直すと新しい発見ができるのではないでしょうか。

第 2 章

馬連を攻略

効率よく馬連馬券を的中させるには
レースの性格を見極めなければなりません。
馬連の人気ランクと単勝＆複勝人気ランクとの
バランスをチェックするだけで
馬券に絡む馬は自然と見えてきます！

本命型レースを
効率よく攻略する

2020 年 4 月 25 日、東京競馬 7 レース

　私が実践していますオッズ馬券術では、レースが波乱になるかどうかを事前に調べ上げることで、大穴型レースはもちろん、本命型レースや中穴型レースでも的中馬券をGETすることができます。馬連、単勝、複勝馬券を買う層が異なるという考え方を基本とし、それぞれのオッズのバランスをみて馬券に絡む馬を見つけていくからです。バランスがとれていれば本命サイドに、バランスがとれていなければ大穴サイドに偏っていきます。

　まずここでは、本命型レースの代表的な攻略方法を紹介しましょう。2020年4月25日、東京競馬7レースです。本命型レースは馬連の1番人気のオッズが4倍未満のレースをいいます。馬連と単勝を人気の馬番順に並べていきます。実際に並び替えたものが【表A】になります。表内の太線はランク間でオッズの乖離差が 1.8 倍以上ある箇所を指していて、これが「オッズの壁」で

す。オッズの壁が【表A】のように、馬連2位と3位、4位と5位の間に発生するパターンが、本命馬券を狙う上で最も信頼できる形なのです。

　では、【表A】のようなケースが発生した場合、どのように馬券を購入すれば良いでしょう？　この場合、オッズの並びからも、このレースは "堅い" と認定されているので、まず馬連1位を軸に据えます。そして3位、4位と流します。このレースの場合だと、馬連で③⑩、⑩⑫の2点買いです。このようなケースにおいて、私は今では馬連2位（⑭番）の馬は買わないことにしています。配当が安いため回収率が低くなることが多く、長期的に見た場合に買い損になるからです。結局、このレースは、⑩番→③番→⑭番→⑫番の順番に入り、オッズが本命型レースと予告している通りに、上位4頭で決着しました。馬連③－⑩は７７０円という配当だったので、まずまずの回収率だったと言えます。

表A　2020年4月25日・東京7レース

本命馬券の条件

	1位	2位	3位	4位	5位	6位
馬連	10	14	3	12	2	13
オッズ		3.0	6.5	6.8	24.5	26.0
単勝	10	14	12	3	13	2
オッズ	1.4	5.3	11.1	14.4	26.6	37.5

（オッズの壁　上：3位と4位の間／下：4位と5位の間）

→ 馬連1番人気が
4倍未満である

→ 馬連と単勝ランクに
「オッズの壁」がある

「オッズの壁」に囲まれた馬番に注意する

本命型レースで2位と3位及び4位と5位
の間に馬連&単勝に揃って「オッズの壁」
が出現したレースは勝負レースとなります！

 馬連③−⑩と⑩−⑫の2
点を購入。⑩→③でしっ
かり的中！

レース
結果　⑩→③
馬連　770円

 POINT

典型的な本命型レースの形になった場合
には、馬連ランク3位と4位の馬が馬券
に絡むことが多いです！

競馬 ひとくち メモ

手作業で払い戻し金を計算していた時代

1960年頃、馬券の発売枚数が自動計算化されるまでは、払い戻し金の計算
は人間の手で行われていました。手作業のため、どの馬券がどれほどの人気
なのか（現在のオッズ）はもちろん発表されていません。

中穴型レースの基本と 馬連1番人気の倍率との関係を 理解しておく

中穴馬は馬連ランク5〜8位の中にいる

中穴型レースとは24頁でも紹介しました通り、馬連1番人気が4倍以上、9倍未満のレースを指します。4倍未満のレースが本命型レース、9倍以上のレースが大穴型レースですからそれ以外のレースが中穴型レースといってもいいでしょう。本命型レースは馬連ランク1位から4位の馬が中心になります。大穴型レースは馬連ランク9位以降の馬が中心となります。となれば、中穴型レースは馬連ランク5〜8位の馬が中心となるのです。

中穴型レースは大きく3つの型に分けることができます。その1つが、A型です。【表A】をご覧ください。コンピ指数5〜8位にランクされている馬番、馬連、単勝、複勝ランク5〜8位に入っている馬番を記入します。赤い線で囲まれたゾーン、5〜8位にすべてランクされている馬が中穴となるパターンです。

続いてB型です。【表A】をご覧くだ

さい。A型と同じようにコンピ指数、馬連、単勝ランクの5〜8位にすべてランクされている馬を調べます。そしてコンピ、馬連、単勝でランクされている馬が「複勝6倍の壁」の前の1頭になっているパターンです。「複勝6倍の壁」の前の2頭がコンピ指数、馬連、単勝ランクでどこにランクされているかを調べても同じ馬がみつかります。

そしてもうひとつのパターンがC型です。【表A】のようにコンピ指数10位以下にランクされていた馬番が馬連や単勝ランク5〜8位にランクされ、複勝ランクが9位以下になっていない馬です。複勝ランクが1〜4位に上昇していても問題ありません。

ここでひとつ注意しなければならない点があります。馬連や単勝ランクにおいて8位までの間に2つ以上「オッズの壁」があるレースは、中穴型レースとしては失格になるということです。

中穴馬券の3つの形

表A

A型

		5位	6位	7位	8位	
コンピ	…	○				…
馬連	…			○		…
単勝	…			○		…
複勝	…		○			…

B型

		5位	6位	7位	8位	
コンピ	…	○				…
馬連	…			○		…
単勝	…			○		…
複勝	…					○ …

複勝6倍の壁

C型

		5位	6位	7位	8位	…	10位以下
コンピ	…						○
馬連	…			○			
単勝	…			○			
複勝	…	○					

中穴には3つの
パターンが
あります!

中穴レース的中までの手順

馬連1番人気が
4倍以上
9倍未満

→

5〜8位にラン
クされている馬
に注目

→

A〜C型から浮
上しているかを
調べる

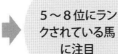

POINT

馬連ランク5〜8位を中心に検討する3つ
の中穴型パターンから浮上した中穴馬候補
は馬連馬券に絡む可能性が高い馬です!

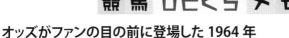

競馬 ひとくち メモ

オッズがファンの目の前に登場した1964年

日本で最初にオッズが発表されたのは1964年第1回中山競馬、第1回京都
競馬からです。第3回中山競馬からは着順掲示板に競走途中の順位も表示さ
れるようになりました。

大穴型レースが失格となったレースは中穴型レースとなる

2020年2月29日、中京8レース

中穴型レースは本命型レースでもなく、大穴型レースでもないレースのことです。見極める指針として馬連1番人気のオッズが4倍以上、9倍未満のレースということを紹介しました。しかしもうひとつ、中穴型レースと判定されるレースがあります。それが馬連1番人気が9倍以上のオッズであっても単勝30倍以内の頭数が9頭以下のレースです。このような判定が出たレースは大穴レース判定ではなく、中穴型レース判定をすることになります。

2020年2月29日、中京8レースを例にとって説明してみましょう。このレースの馬連1番人気は12.8倍です。9倍を超えていますから、大穴レースの条件をクリアしています。しかしもうひとつの条件である単勝30倍以内の頭数が8頭しかなく、条件である10頭をクリアしていません。つまりこのレースは大穴型レースではないということになります。そこで中穴型レースとして検討していき

ます【表A参照】。

中穴型レースはコンピ指数、馬連、単勝、複勝の5〜8位のランクの馬番を調べていきますので、このレースも同様にチェックしますと、⑬番がコンピ指数、馬連、単勝ランクで5〜8位にいることがわかります。また⑬番は「複勝6倍の壁」の前の1頭でもありますので、B型のパターンから浮上した穴馬候補ということがわかります。おまけに⑬番は馬連と単勝の「オッズの壁」の前の2頭にもランクしており、強い中穴馬です。他にはA〜C型の条件をクリアしている馬はいません。つまりこのレースは⑬番1頭が中穴馬ということがわかるのです。レース結果は中穴判定通り⑬番が1着になり、しっかりと馬券に絡みました。2着は④番で馬連は2440円、馬単は6330円といった配当でした。配当は地味でも、⑬番1頭だけから馬券を組み立てられれば回収率は悪くありません。

表A　2020年2月29日・中京8レース

	1位	2位	3位	4位	5位	6位	7位	8位	9位	10位	11位	12位	13位
コンピ指数					7	10	⑬	8					

オッズの壁

	1位	2位	3位	4位	5位	6位	7位	8位	9位	10位	11位	12位	13位
馬連	9	5	12	4	7	10	⑬	8	2	6	11	3	1
オッズ		12.8	13.6	15.6	15.6	19.7	25.3	42.1	78.0	83.6	96.9	101	104

オッズの壁

単勝	9	10	7	8	12	5	4	⑬	1	3	6	2	11
オッズ	2.5	7.2	7.9	8.6	9.3	9.7	12.2	16.8	32.7	33.5	36.6	42.8	42.8
複勝	9	7	6	10	4	5	12	8	⑬	3	1	11	2
オッズ	2.0	2.4	2.8	3.1	3.3	3.7	3.9	4.0	4.9	7.3	7.9	11.1	13.5

複勝6倍の壁

⑬番は中穴レース【B型】から浮上している

レース結果は⑬番が判定通りに見事1着！

中穴型レースと判定されたレースではランク5～8位の馬を調べるだけでカンタンに馬券に絡む馬が見つかります！

POINT
馬連オッズが9倍を超えているレースでも、単勝30倍以内の頭数が10頭未満のレースは中穴型レースとなります！

競馬 ひとくち メモ

オッズのルーツは計算尺で計算？

1964年以前の話です。日本中央競馬会の職員であった秋山伊市郎氏が特殊な計算尺を使い、連勝式の上位人気などを記入して場内のテレビで発表した時代がありました。オッズのルーツといえるかもしれません。

上昇馬と下落馬で
馬連万馬券を1点で
GETすることは可能だ

2020年1月12日、京都7レース

　ここでまれに起こります、コンピ指数を使った馬連攻略法を紹介しましょう。2020年1月12日、京都7レースの例です。対象となるレースは競馬予報、すなわちレースの性格を調べたとき、馬連1番人気のオッズが9倍以上、単勝30倍以内の頭数が10頭以上という、穴レースの条件をクリアしたレースとなります。

　【表A】をご覧ください。一番上の段にはコンピ指数のランク、中段が単勝ランク、下段が複勝ランクとなっています。コンピ指数5位にランクされていたのは⑫番です。ところが、単勝ランクでは12位と7ランクも移動（ダウン）していることがわかります。反対に⑩番は、コンピ指数が10位にランクされていますが、複勝ランクでは3位と7ランクも移動（アップ）していることがわかります。

　このように大きく上昇している馬と、大きく下降している馬が同時に発生したレースは上昇した馬と下降した馬が馬券に絡む可能性が高いため注意しています。基準値としては「7ランク以上」としています。そして、この2頭のことを「クロス馬」と呼んでいます。つまりこのレースでは⑫番と⑩番がクロス馬となります。

　レース結果は、1着⑫番、2着⑩番と入り、クロス馬が1、2着して、馬連は1万5560円です。3着には馬連ランク3位の⑮番が入り、3連複⑩－⑫－⑮は4万6060円です。3連複2頭軸⑩－⑫から流せば数点で4万円を超える馬券をGETすることができるのです。

　今回はコンピ指数と比較して7ランク以上の移動（上昇と下降）が同時に起きた例を紹介しましたが、馬連ランクと比較して7ランク以上の移動が同時に起きていたケースも同じように「クロス馬」と解釈し、その2頭に注目します。

表A　2020年1月12日・京都7レース

	1位	2位	3位	4位	5位	6位	7位	8位	9位	10位	11位	12位	13位	14位	15位	16位
コンピ指数					⑫				⑩							

	1位	2位	3位	4位	5位	6位	7位	8位	9位	10位	11位	12位	13位	14位	15位	16位
単勝	7	13	2	15	10	6	11	9	5	3	4	⑫	1	16	14	8
オッズ	4.1	6.1	6.6	7.9	12.3	12.4	12.6	14.3	17.3	19.6	24.5	26.0	33.2	42.4	98.3	162

	1位	2位	3位	4位	5位	6位	7位	8位	9位	10位	11位	12位	13位	14位	15位	16位
複勝	7	15	⑩	13	16	2	5	12	9	3	11	6	1	4	14	8
オッズ	2.4	3.2	3.6	3.7	3.7	3.8	3.9	3.9	4.5	5.6	5.9	7.4	8.0	9.7	13.5	25.0

コンピ指数5位 ⑫番	➡	単勝ランク12位へ 7ランク移動
コンピ指数10位 ⑩番	➡	複勝ランク3位へ 7ランク移動

コンピ指数や馬連ランクと比較して単勝や複勝ランクが7ランク以上大きく移動した馬が同時に出現した場合、その2頭に注意する必要があります！

 ⑫番と⑩番が
1、2着となる！

レース結果 ⑫→⑩→⑮
馬連　⑩－⑫　15,560円

POINT 馬連ランクやコンピ指数と比較して、単勝、複勝ランクが大きく移動している馬には注意が必要です！

競馬 ひとくち メモ

オッズの計算方法は2014年から変わった

オッズの計算方法は2014年6月から変わりました。ＪＲＡでは馬券の式別ごとに控除率を決定し現在に至っています。控除率は主催者ごとに異なり、馬連はＪＲＡでは22.5%ですが大井競馬では25%です。

実例で覚える
馬連万馬券攻略法①

2020年5月3日、東京競馬12レース

　ではここで実際のレースでどのように中穴馬が浮上し、馬券に絡んだかを紹介してみましょう。2020年5月3日、東京競馬12レースです。このレースの馬連1番人気は8.5倍ですので中穴型レースと判定されます。ではコンピ指数、馬連、単勝、複勝ランクの5〜8位の馬の動きを調べてみましょう。

　まずは【表A】をご覧ください。コンピ指数6位にランクしている⑩番が馬連ランク7位、単勝ランク8位、複勝ランク7位とすべてのランクに入っています。A型のパターンから浮上する中穴馬ということがわかります。

　続いて、複勝オッズに注目してください。複勝ランク7位と8位の間に「複勝6倍の壁」があることがわかります。その前の2頭に注意せよというのが「複勝6倍の壁」のルールです。ここからも⑩番は浮上していることがわかります。つまり⑩番は中穴のB型のパターンからも浮上しているのです。

　レース結果ですが、A型のパターン、B型のパターンと2つのパターンから浮上した中穴馬候補の⑩番が判定通りに見事1着でゴール。2着には馬連ランク4位で、単勝、複勝ランクが2位に上昇していた⑦番が入り、馬連⑦ー⑩は1万3070円の配当でした。

　さて、このレースの3着は⑤番が入っています。【表A】から⑤番の動きを見てください。⑤番はコンピ指数では4位にランクしていました。馬連ランク6位、単勝ランク7位となり、複勝ランクは9ランク下落していることがわかります。中穴パターンC型の逆バージョンのような動きをしていたのです。3連複⑤ー⑦ー⑩は5万7290円。もし⑩番を中心に馬券を組み立て、3着を⑤番にした3連単馬券を購入することができれば、3連単⑩→⑦→⑤で46万7010円馬券を的中させることも可能になるのです。

表A 2020年5月3日・東京12レース

	1位	2位	3位	4位	5位	6位	7位	8位	9位	10位	11位	12位	13位	14位	15位	16位
コンピ指数				⑤	7	⑩	14	15				⑧				

	1位	2位	3位	4位	5位	6位	7位	8位	9位	10位	11位	12位	13位	14位	15位	16位
馬連	4	14	12	⑦	9	⑤	⑩	15	8	6	16	1	3	11	2	13
オッズ		8.5	10.3	13.2	13.3	16.7	22.0	24.5	26.7	37.7	51.6	53.9	71.4	102	105	143
単勝	4	⑦	12	14	⑧	9	⑤	⑩	15	6	16	1	3	2	11	13
オッズ	2.2	8.5	8.6	10.4	10.9	17.8	18.8	20.0	21.9	22.9	26.0	30.7	41.9	56.2	67.9	80.0
複勝	4	⑦	12	14	⑧	9	⑩	15	6	1	3	16	⑤	11	2	13
オッズ	1.7	2.5	2.9	3.6	4.2	4.4	4.8	6.1	6.7	7.3	7.8	7.9	8.1	11.2	12.6	15.4

複勝6倍の壁

⑩番

➡ 5〜8位にすべてランクイン ＝ A型のパターン

➡ 複勝6倍の壁の前の1頭 ＝ B型のパターン

2つのパターンから浮上の⑩番が1着となる！

レース結果

⑩→⑦→⑤

馬連　13,070円
3連複　57,290円

POINT

中穴の条件である3つの型から複数の条件をクリアしている中穴馬候補は馬券に絡む可能性が高いものです！

競馬 ひとくち メモ

日本の競馬は「パリミュチュエル方式」

オッズの世界は「パリミュチュエル方式」と「ブックメーカー方式」があります。日本は総売上から控除額を引き、的中票数で分配する方法である「パリミュチュエル方式」を採用しています。

実例で覚える
馬連万馬券攻略法②

2019 年 12 月 21 日、阪神 10 レース

　最後に、判定が中穴型レースと出た
レースで、馬連ランクにハッキリとした
「オッズの壁」が出現したケースでの中
穴馬の決め方と、そのレースの馬券の
買い方を紹介してみましょう。2019 年
12 月 21 日、阪神 10 レースです。

　馬連 1 番人気は 5.6 倍ですからレー
スの性格は中穴型レースであることが
わかります。馬連を単勝 1 番人気絡み
の馬番から人気順に並び替え、単勝オッ
ズと複勝オッズも並び替えていきます。
すべてのオッズを並び替え、ひとつの表
にまとめたのが【表A】となります。馬
連ランクをまずはご覧ください。 2 位と
3 位の間に乖離差 2.18 倍の「オッズの
壁」があることがわかります。もう 1 か
所、馬連ランク 9 位と 10 位の間にも 2.19
倍の「オッズの壁」がありますね。「オッ
ズの壁」の前の 2 頭は馬券に絡みやす
いというのが「オッズの壁」のルールで
す。ということは、馬連 2 位と 3 位の「オッ
ズの壁」からは⑮番と②番、馬連 9 位

と 10 位の間にある「オッズの壁」から
は④番と⑯番が該当します。中穴馬は
5 〜 8 位の間に潜んでいる馬のことで
すが、ハッキリとしたオッズの壁が出現
したケースは 9 位も OK です。

　表は割愛しますが、このレースの「複
勝 6 倍の壁」もチェックしました。 6 倍
を超えている箇所は「複勝 6 倍の壁」
のルールですから、複勝ランク 8 位と 9
位の間にあります。その前の 2 頭は⑪
番と⑯番です。⑯番は「複勝 6 倍の壁」
からも浮上していることがわかりました。
馬券は馬連 2 位と 3 位の間の「オッズ
の壁」の前の 2 頭である⑮番と②番か
ら、中穴馬の④番と⑯番への 4 点買い
です。

　レース結果は 1 着②番、2 着⑯番で
決まり、馬連で 1 万 840 円という万馬
券を 4 点で GET することができまし
た。ちなみに 3 着は④番、4 着は⑮番で、
狙った 4 頭で 1 〜 4 着を占めました。

表A　2019年12月21日・阪神10レース

	1位	2位	3位	4位	5位	6位	7位	8位	9位	10位	11位	12位	13位	14位	15位	16位
馬連	15	2	10	5	14	11	9	4	16	7	13	12	3	8	1	6
オッズ		5.6	12.2	13.2	13.6	14.0	14.6	19.0	25.8	56.4	82.8	104	108	116	160	164

（オッズの壁 は2位・3位の間と9位・10位の間に出現）

A～C型の3つのパターンから浮上した中穴馬がいない

「オッズの壁」のルールを使ってみる

馬連2位の「オッズの壁」から浮上　➡　⑮番・②番

馬連9位の「オッズの壁」から浮上　➡　④番・⑯番

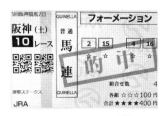

 2か所に出現した「オッズの壁」の前の2頭が馬券に絡む！

レース結果　②→⑯→④

馬連　10,840円

 POINT
「オッズの壁」の前にランクされている2頭は、的中馬券に絡む可能性の高い馬であることが多いものです！

競馬 ひとくち メモ

以前はバリヤー式だった日本の競馬

スタートラインにロープを張り、ロープの手前で出走馬はスタートを待つ。ロープが上方に跳ね上がりこれをスタートの合図とする方法をバリヤー式と呼びました。これは現在のゲート式以前のスタート方式です。

馬券で勝つには最終レースを制することが重要な課題となる!

土曜日の最終レースを軽く考えてはいけない

　同じ最終レースでも土曜日の最終レースと日曜日の最終レースとでは、馬券を購入する側の感覚が違うものです。当たり前のことですが、土曜日の最終レースということは、まだ翌日に競馬があります。また日曜日にはメインに重賞レースが組まれていることが多く、そのレースへの資金を残す傾向にあります。同じ最終レースでも、精神的に追い込まれるかどうかの違いが出てくるのが土曜日の最終レースと日曜日の最終レースなのです。

　最終レースは他の一般レースよりは売り上げが多い傾向にあります。土曜日でも10億円程度あります。ではどのような点に注意して土曜日と日曜日の最終レースに臨めばいいのでしょうか。それは、「土曜日の最終レースを大切にせよ」です。翌日、日曜日の最終レースに特別狙っている馬がいるケースなどは別ですが、一般論的には土曜日の最終レースを大切にしたほうがいいのです。

　土曜日の最終レースで馬券を外すと、その悪い印象が翌日まで残るという人が多いものですが、実際にはそうではありません。【図A】は心理学者のヘルマン・エビングハウスによって導き出された、人間の脳の記憶のしくみを曲線で表した「エビングハウスの忘却曲線」と呼ばれているものです。人間は1時間後には約56%、1日後には約77%の記憶を忘却することがわかります。つまり土曜日の最終レースの印象などそれほど気にすることはないということなのです。レースの番組上、土曜日の最終レースは穴馬が出現しやすいレースが組まれているのが特徴です。穴馬の出やすいレースで穴馬を買う、これも馬券で勝つ秘訣のひとつなのです。

　ネット投票では恵まれた環境で馬券検討をする時間がたっぷりあります。土曜日の最終レースを意識するだけでも回収率がアップします。

人間の記憶は
意外と早く
なくなるものです！

図A　エビングハウスの忘却曲線

（記憶）

100%

1時間後には
56%忘れる

1日後には
77%忘れる

1時間後　　12時間後　　1日後　（時間）

レースは続いている ➡

土曜日の
メイン
レース
➡
土曜日の
最終
レース
➡
日曜日の
メイン
レース
➡
日曜日の
最終
レース

実は最後ではない　　重要なレース　　本当に最後のレース

土曜日の最終レースは翌日の競馬にもつながる
大切なレース。穴馬券も出現しやすいです！

POINT

回収率をあげるためには、最終レースをど
う攻略するかが大切です。特に土曜日の
最終レースは重要です！

不公平感が残る「バリヤー式」

スタート方式が「バリヤー式」の時代、1960年までは出走制限がありません
でした。馬が2列になることもあり、スタート時点ですでに不利な状態で発走
しなければならない馬もいました。

穴馬がハッキリしないレースは
見送るのが正解

　馬券を検討していると、判断に迷うレースにぶち当たることが多々あります。そのようなとき、中途半端な判断で馬券を買ってしまう経験はないでしょうか。私の場合、穴馬から馬券を購入する場合、4頭以上の候補が出てしまったときは無条件で見送りレースと判断しています（最終的には2頭に絞る）。どの馬が穴馬なのか、その判断を迷っているということはすでにハズレ馬券を買う可能性が高いと思っているからです。そのような状況で馬券を買っても、過去にいい結果を残したことがありません。本命型レースでも中穴型レースでも考え方は同じです。どの馬が勝つのかを調べれば調べるほど、出走馬すべてにチャンスがあるように感じたことはないでしょうか。特にGⅠレースにもなると、連日スポーツ新聞などでは色々な情報を提供してくれます。本命が予想される馬はもちろん、あまり人気にならないような馬の情報も載っています。その情報を読むことが悪いといっているわけではありません。非常に参考になることも書かれています。ただ自分の予想の弊害になるような読み方だけは避けるべきなのです。

　今やネット投票が主流になっています。ネットを通じ、玉石混淆な情報があふれています。そのフィルターを通じ、判断できない場合は潔く見送る姿勢が結果的に回収率をあげると考えています。

第 3 章

大穴馬券を攻略

大穴型レースと判定されたレースは
「オッズの壁」「突入＆移動馬」「複勝６倍の壁」
「時系列のオッズチェック」「馬連人気分布表」
という５つのルールを使うと
レースで激走する穴馬が自然と見えてきます！

大穴馬券をしっかり
的中させるまでの
過程を理解する

01

ルールに従って穴馬を浮上させていく

　ここまで何度も繰り返して「競馬予報」、すなわちレースそのものの性格、波乱になるのかどうかという点を調べることの重要性を申し上げ続けてきました。まずはレースが波乱になるかどうかを調べなければ、すべてのレースを検討しなければならなくなるからです。

　競馬は1日に多いときには36レースも組まれています。その場合、とてもじゃありませんが、全部のレースの検証などできません。穴レースはどのレースなのかを見極める必要があるのです。

　レースの方向性を決めないでいきなり勝ち馬や穴馬を探し出す行為は、海図をもたないで航海をするようなものです。それでも偶発的に当たるかもしれませんが、コンスタントに穴馬券を的中し続けることは難しいものです。もちろん回収率をあげることも困難です。

　30頁ですでに5つのルールについては少しふれました。これから穴候補レースを攻略するためにはどのようにしてこのルールを使えばいいか、実際のレースを例にとり、的中馬券のコピーを必要に応じて掲載しながらひとつひとつ説明していきましょう。

　拙著『回収率をあげるオッズ馬券の教科書』他で、これから説明する5つのルールはすでに紹介したことのあるものばかりです。なんだ、また同じことを説明するのか…と思う方もいるでしょう。しかし待ってください。紹介するレースは最近のレースのものばかりです。ということは常にこの5つのルールを使えば、「常に」「いつでも」高配当馬券を的中させられる…ということの証明にはなりませんでしょうか?

　今回はわかりやすいレースを選んであります。初めて読む方も、すでに知っている方も、この5つのルールは重要なことです。これからもこの5つのルールから浮上した穴馬候補がしっかりと馬券に絡み、高配当馬券を作り続けることは間違いありません。

万馬券的中までの流れ

9：30　　①馬連1番人気のオッズが9倍以上かどうかチェック
　　　　②単勝 30 倍以内の頭数が 10 頭以上いるかどうかチェック

クリアしている	クリアしていない

「オッズの壁」「突入＆移動馬」
など５つのルールを使いなが
ら穴馬を見つけ出していく

　　　　　　　　　　　　　本命型　　中穴型

10：30　　「時系列のオッズチェック」
　　　　などから穴馬を最終決定する

 的中！

 POINT
５つのルールを使って穴候補レースを検証
し、そこから浮上した穴馬は高配当馬券を
演出する１頭となります！

競馬 ひとくち メモ

ゲート式を初めて導入したのは地方競馬

ゲート式発馬機の初導入は、1953 年３月の大井競馬場を始めとする地方競
馬です。この方式を開発したのは宮道信雄（みやじのぶお）という方で、その
名前にちなみ、当初のゲート式は「宮道式」と呼ばれていました。

「オッズの壁」を使って
高配当馬券をGET

2019 年 8 月 4 日、小倉競馬 12 レース

　この章では実際に行われたレースを
もとに、的中馬券をＧＥＴするまでの
過程を紹介していきたいと思います。ま
ずはオッズ馬券の中で、一番重要にな
るルールである「オッズの壁」を使った
レースです。2019 年 8 月 4 日、小倉競
馬 12 レースを使って説明していきましょ
う。このレースの馬連 1 番人気は 16.7
倍ですから、穴候補レースの基準値で
ある 9 倍以上をクリアしています。単勝
30 倍以内の頭数も 12 頭と、こちらも基
準値は 10 頭以上ですから問題ありませ
ん。馬連オッズを単勝 1 番人気である
⑨番から並べていくのですが、このレー
スの馬連 1 番人気は⑤－⑦で、⑨番は
入っていません。

　このようなケースでは、26 頁でも紹
介しましたが、馬連 1 番人気の組み合
わせである⑤番と⑦番のうち単勝人気
の上位の馬から並び替えていきます。こ
の場合は⑤番ですから、⑤番から馬連
の人気順に並び替えていきます。単勝

オッズや複勝オッズも人気順に並び替
えます。複勝オッズは「2.3 ～ 3.1」とい
うように表示されますが、オッズ馬券で
使用するオッズは上限の数値ですので、
「2.3 ～ 3.1」でしたら 3.1 の数値です。

　すべてを並び替えて完成した表が【表
A】のものです（複勝オッズは割愛しま
した）。すると馬連ランク 12 位の⑭番と
⑩番との間に大きなオッズの差がありま
す。その差は、⑤－⑩のオッズは 170 倍、
⑤－⑭のオッズは 83.2 倍ですから 170
÷ 83.2 ＝ 2.04 です。この差が 1.8 倍以
上の箇所を「オッズの壁」と呼びます。
「オッズの壁」の前の 2 頭が穴馬候補
となり、このレースの場合は④番と⑭番
です。

　レース結果は穴馬候補の 1 頭である
⑭番が 2 着に入り、1 着には⑤番、3
着には①番が入りました。配当は 3 連
複①－⑤－⑭で 2 万 6960 円。2 万円
馬券をしっかりと的中させることができ
ました。

表A　2019年8月4日・小倉12レース

	1位	2位	3位	4位	5位	6位	7位	8位	9位	10位	11位	12位	13位	14位
馬連	5	7	9	13	3	6	11	1	2	8	④	⑭	10	12
オッズ	16.7	19.0	31.2	32.6	33.7	35.5	55.9	58.2	71.1	82.5	83.2		170	187

オッズの壁（11位と12位の間）

単勝	9	5	7	6	3	1	13	8	14	11	2	4	10	12
オッズ	4.8	6.3	6.4	8.3	8.5	10.3	10.9	13.3	13.9	17.7	27.1	28.2	52.1	80.7

「オッズの壁」の前の2頭から④番と⑭番が浮上します

オッズの
壁のルールの
確認

⑤ー⑩のオッズ
170倍

⑤ー⑭のオッズ
83.2倍

170 ÷ 83.2 = 2.04
1.8倍以上の箇所を
「オッズの壁」と
呼びます

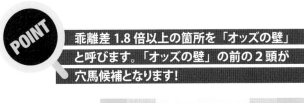

2回小倉競馬4日
小倉(日)
12レース
小郡特別
JRA

TRIO　**フォーメーション**

3連複

| 3 | 5 | 1 | 6 | 4 | 14 |
| 7 | 9 | 11 | 13 | ☆ | ☆ |

組合せ数　32
各組 ☆☆☆ 100円
合計 ★★★ 3,200円

「オッズの壁」から浮上
した⑭番が2着になる！

レース
結果

⑤→⑭→①
3連複　26,960円

POINT

乖離差1.8倍以上の箇所を「オッズの壁」
と呼びます。「オッズの壁」の前の2頭が
穴馬候補となります！

競馬 ひとくち メモ

中央競馬のゲート式は1960年から

中央競馬では、1960年7月2日の小倉競馬場の3歳戦（旧年齢表記）からゲート式が導入されました。使用されたのはニュージーランドの競馬で使用されていたウッド式と呼ばれるものでした。

「突入＆移動馬」で
高配当馬券をGET

2020年5月24日、新潟競馬12レース

　次に、オッズ馬券の中で「突入＆移動馬」のルールをクリアした穴馬候補が2020年5月24日、新潟競馬12レースのものです。このレースは28頁でもふれたレースです。まずは馬連1番人気を調べてみます。このレースは①－③が11.2倍で1番人気でした。9倍以上というのが穴レースの条件ですからここはクリアしています。もうひとつの穴候補レースの条件である単勝30倍以内の頭数はどうでしょうか。12頭いますので、こちらも穴候補レースの条件をクリアしています。

　さて馬連オッズを単勝1番人気から並び替えていきます。馬連1番人気の組み合わせは①－③です。単勝1番人気は⑩番となっています。馬連1番人気の組み合わせに単勝1番人気が絡んでいない場合は、馬連1番人気の組み合わせの馬番の、単勝人気上位の馬から並び替えるのがルールですから、このレースの場合は、①番と③番の単勝

人気を調べてみますと①番が2番人気、③番が3番人気ですから①番のほうが人気になっています。そこで、①番絡みの馬連オッズを人気順に並び替えていきます（単勝オッズも複勝オッズも同様）。すべてのオッズの数値を並び替えて記入した表が【表A】となります。馬連ランク12位の⑨番が単勝では6位、複勝では2位に大きく上昇していることがわかります。馬連ランクと比較して、単勝ランクや複勝ランクが5位以上上昇している馬を「突入＆移動馬」と呼び、これは穴馬候補となります。

　このレースは馬連ランク12位と13位の間に乖離差2.99倍の「オッズの壁」もあります。ここからも⑨番は穴馬候補として浮上していることがわかります。

　レース結果は「突入＆移動馬」から浮上した穴馬候補の⑨番が3着に入りました。1着⑬番、2着⑩番、3連複⑨－⑩－⑬馬券の的中です。配当は1万6750円でした。

表A　2020年5月24日・新潟12レース

	1位	2位	3位	4位	5位	6位	7位	8位	9位	10位	11位	12位	13位	14位	15位
馬連	1	3	10	14	15	13	4	5	11	8	7	⑨	2	6	12
オッズ		11.2	16.2	25.3	26.1	26.4	27.9	30.2	36.0	39.0	49.2	56.9	170	184	211
単勝	10	1	3	13	15	⑨	4	14	8	11	12	7	5	6	2
オッズ	5.1	5.4	7.9	8.1	8.2	11.4	12.8	15.9	16.1	16.9	23.0	27.8	32.7	39.0	56.9
複勝	10	⑨	13	1	3	14	8	15	4	11	7	12	5	6	2
オッズ	2.5	2.9	3.0	3.6	3.8	3.9	4.1	4.2	4.6	4.6	5.2	7.5	7.7	11.1	11.2

馬連ランクと比較して
⑨番が大きく上昇している

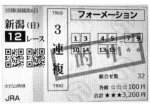

上昇した⑨番が3着
に入り、3連複馬券
をしっかりと的中!

レース
結果　⑬→⑩→⑨
3連複　16,750円

POINT

馬連ランクと比較して単勝や複勝が5ラン
ク以上移動している馬は穴馬候補として浮
上させます!

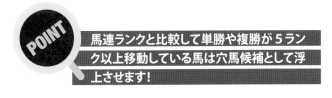

競馬 ひとくち メモ

現在は出走頭数は18頭までと制限

ゲート式が採用されるようになり、レースの出走頭数は32頭までと制限され
るようになりました。現在では1992年に改正されたルールのもと18頭まで
で競馬は行われており、枠番による有利不利は少なくなりました。

時系列の
オッズチェックで
高配当馬券をGET

10時半の単勝、複勝オッズを比較する

　9時半のオッズから「オッズの壁」や「突入＆移動馬」のルールをクリアする馬が必ず出現するとは限りません。ここでは9時半のオッズで穴候補レースの条件はクリアしたものの、ハッキリとした「オッズの壁」や「突入＆移動馬」がいないケースの例を紹介してみましょう。2020年5月10日、東京11レース、ＮＨＫマイルカップです。馬連1番人気は9.0倍、単勝30倍以内の馬は10頭とどちらも基準値ギリギリの判定です。単勝10番人気が30.9倍となっていますが、30倍台までは30倍以内と数えます。

　馬連1番人気は②－③、単勝1番人気は③番ですから、ここは③番絡みの馬連オッズを人気順に並び替えていきます。単勝や複勝オッズも同じように並び替え、完成した表が【図Ａ】です。馬連ランク14位と15位の間に2.24倍の「オッズの壁」があります。「オッズの壁」の前の2頭が穴馬候補となるの

がルールですが、この2頭、⑯番と⑩番の複勝オッズをみるとそれぞれ11.1倍と14.1倍と売れていません。「オッズの壁」から浮上した穴馬候補が複勝オッズで10倍を超えていた馬は穴馬候補ではないというルールがありますから、この2頭は失格となります。つまりこのレースからは「オッズの壁」のルールをクリアした馬がいないことになります。

　また、「突入＆移動馬」のルールをクリアした馬もいません。このようなレースでは、馬連ランク9位から14位の馬の単勝＆複勝オッズの変化を調べます。馬連ランク9位から14位の馬は④、⑪、⑨、⑫、⑯、⑩番です。⑯番と⑩番は複勝オッズが10倍を超えていますのでカットします。

　続けて【表Ｂ】をご覧ください。⑪番だけが単勝、複勝ともに売れていることがわかります。レース結果はこの⑪番が1着。3連複③－⑥－⑪は1万9620円となり、高配当の的中です。

表A 2020年5月10日・東京11レース

オッズの壁

	1位	2位	3位	4位	5位	6位	7位	8位	9位	10位	11位	12位	13位	14位	15位	16位	17位	18位
馬連	3	2	14	17	8	6	5	18	4	11	9	12	16	10	15	7	13	1
オッズ		9.0	11.1	12.1	23.2	33.1	36.0	47.1	57.6	69.6	77.2	104	147	176	395	491	544	550
単勝	3	17	2	14	8	5	6	18	4	9	11	12	16	10	15	1	13	7
オッズ	3.8	4.8	5.2	6.0	12.1	14.7	16.6	21.5	28.6	30.9	32.7	44.8	63.1	87.3	109	153	176	201
複勝	3	2	14	17	8	5	6	18	4	9	11	12	16	10	15	13	1	7
オッズ	2.1	2.1	2.8	3.0	4.0	5.2	5.3	6.1	6.6	7.6	8.5	9.2	11.1	14.1	19.4	33.2	33.4	49.4

表B

	④番		⑪番		⑨番		⑫番	
	単勝	複勝	単勝	複勝	単勝	複勝	単勝	複勝
9時半	28.6	6.6	32.7	8.5	30.9	7.6	44.8	9.2
10時半	28.9	6.6	31.7	8.4	31.1	7.6	45.2	9.1
	×	△	○	○	×	△	×	○

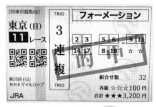

時系列のオッズチェックで単勝と複勝がともに売れていた⑪番が1着

レース結果　⑪→③→⑥

3連複　19,620円

※買い目に入っている⑨番は66頁で紹介するルールから浮上

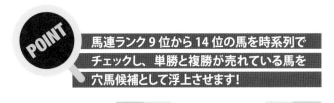

POINT

馬連ランク9位から14位の馬を時系列でチェックし、単勝と複勝が売れている馬を穴馬候補として浮上させます!

競馬 ひとくち メモ

2頭立てのレースが存在した

1970年8月9日、小倉競馬障害オープン競走で今では考えられない、2頭立てのレースが行われました。2頭立てだったので発売されたのは単勝馬券のみでした。

「複勝6倍の壁」で
高配当馬券をGET

2020年4月12日、中山競馬11レース

　もうひとつ穴馬を見つけ出す方法を紹介しましょう。「複勝6倍の壁」というルールです。2020年4月11日、中山競馬11レースを例にして説明していきましょう。9時半のオッズからまずは馬連1番人気を見つけ出します。このレースは⑦−⑯が12.7倍で1番人気になっています。9倍以上が基準値ですから合格です。単勝30倍以内の頭数は11頭ですからこちらも穴レースの条件をクリアしています。単勝1番人気は⑯番ですから⑯番絡みの馬連オッズを調べ、人気順に並び替えていきます。同様に単勝オッズも複勝オッズも人気順に並び替えていきます。すべてのオッズを調べ、ひとつの表にまとめたものが【表A】となります。

　馬連ランク14位と15位の間に「オッズの壁」があります。その前の2頭が穴馬候補となりますが、⑬番の複勝オッズをみると11.4倍と10倍を超えています。⑩番も9.7倍ですが、10時半のオッ

ズでは11.5倍と10倍を超えてしまいました。「オッズの壁」から浮上した穴馬候補で複勝10倍以上の馬は穴馬候補としては弱く、他にプラス材料がない限り無視するのがルールです。

　このように穴馬候補が浮上しないケースで登場するのが「複勝6倍の壁」というルールです。複勝オッズを人気順に並び替え、6倍を超えた箇所を「複勝6倍の壁」と呼び、その前の2頭が穴馬候補なります。このレースでは6倍を超えているのが②番の箇所です。その前の2頭である⑧番と⑫番が浮上します。⑫番は馬連ランク7位の馬ですから穴馬ではありません。つまり⑧番だけが穴馬の候補となるわけです。

　レース結果はその⑧番がなんと穴馬ながら1着でゴールイン。しっかりと馬券に絡みました。レースは⑧→⑯→⑥の順番で入線し、3連複馬券は2万110円となりました。3連複高配当馬券のGET成功です。

表A　2020年4月12日・中山11レース

	1位	2位	3位	4位	5位	6位	7位	8位	9位	10位	11位	12位	13位	14位	15位	16位
馬連	16	7	6	9	4	3	12	1	15	11	8	2	10	13	14	5
オッズ		12.5	16.5	19.9	33.6	41.4	48.1	70.3	82.9	119	133	171	218	263	555	585
単勝	16	6	3	7	9	4	12	1	8	15	2	10	11	13	5	14
オッズ	5.6	5.8	5.9	6.7	6.9	11.7	13.4	16.5	19.5	25.8	26.8	36.9	40.1	55.8	76.7	81.2
複勝	7	3	6	16	9	4	12	8	2	1	11	15	10	13	14	5
オッズ	2.0	3.0	3.1	3.2	3.5	3.8	5.0	5.3	6.0	6.2	6.5	6.9	9.7	11.4	18.3	21.1

オッズの壁

複勝6倍の壁

⑧番は「複勝6倍の壁」のルールから浮上した穴馬候補です

複勝オッズを人気順に並び替えて6倍を超えた箇所（6倍を含む）を「複勝6倍の壁」と呼びます。

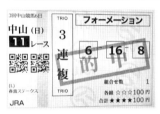

 「複勝6倍の壁」から浮上の⑧番が見事1着になり万馬券になりました！

レース結果 ⑧→⑯→⑥ 3連複 20,110円

 POINT

ハッキリとした穴馬が浮上してこない穴候補レースでは「複勝6倍の壁」の浮上馬に注目してみましょう！

競馬 ひとくち メモ

海外のGⅠレースで3頭立て

オーストラリアで2016年10月8日に行われたコーフィールドS。なんとGⅠレースにも関わらず、出走頭数が3頭しかいませんでした。勝ったのは11連勝中という女傑ウィンクスで12連勝となりました。

「馬連人気分布表」で
高配当馬券をGET

ハッキリとした強い穴馬を見つけ出す方法

　2020年4月11日、中山競馬12レースをもう少し違った方法で検証してみましょう。「複勝6倍の壁」から浮上した⑧番ですが、実はもうひとつのルールからもハッキリと穴馬であるというシグナルを送っていたのです。それが「馬連人気分布表」というものです。

　まずはヨコ軸に馬連ランクを人気順に並び替えていきます。タテ軸にも同じように人気順に並び替えた馬連ランクを記入していきます。すべての組み合わせのオッズを記入し、完成した表が【表A】です。まずは表内のAの箇所をご覧ください。33.8と書いてあります。これは馬連オッズ④-⑥のオッズが33.8倍であることを示しています。Bの箇所でしたら馬連⑨-⑫が55.9倍であることを示しています。

　さて、続いてCの箇所に注目してください。馬連③-⑧が72.8倍です。ひとつ上の組み合わせは④-⑧で121倍、ひとつ左は③-⑪で259倍、ひとつ右は②-③で92.2倍、ひとつ下は⑧-⑫で210倍となっています。つまりCの箇所は四方に囲まれたオッズより売れていることがわかります。

　この表の馬連ランクはヨコ軸では右にいくにしたがって人気薄となっているので数値が高くなります。タテ軸は下にいくにしたがって数値が高くなるのが通常です。しかしこの箇所はオッズの逆転現象が起きているのです。このような箇所を「ボトム値」と呼びます。表内で言えば、Cの他、赤で塗られた残り3箇所が「ボトム値」となります。

　ボトム値が複数出現している馬番は穴馬候補となるのが「馬連人気分布表」のルールです。さきほど「複勝6倍の壁」から浮上した⑧番ですが、実は「馬連人気分布表」のルールからも浮上していた穴馬候補だったのです。レース結果が、穴馬ながら1着になったのも納得できます。

表A　馬連人気分布表

	16	7	6	9	4	3	12	1	15	11	8	2	10	13	14	5
16		12.5	16.5	19.9	33.6	41.4	48.1	70.3	82.9	119	133	171	218	263	555	585
7			13.1	13.8	21.0	17.8	29.5	48.6	45.3	104	73.0	106	158	190	323	395
6				21.3	33.8	32.4	58.5	81.2	101	137	136	154	227	345	722	396
9					31.2	24.1	55.9	73.0	87.3	174	77.2	157	126	304	610	481
4						44.4	57.9	95.0	126	205	121	140	270	284	561	599
3							88.8	114	104	259	72.8	92.2	116	357	789	452
12								117	176	251	210	237	396	448	1151	1309
1									199	497	287	265	574	781	1175	738
15										342	271	402	546	899	1599	1439
11											416	595	1114	1279	1645	1818
8												298	367	751	1261	826
2													726	949	1208	1093
10														1151	1858	1878
13															716	2215
14																3260
5																

ボトム値とは

	121	
259	**72.8**	92.2
	210	

上下左右のオッズより数値が低くなっています。この組み合わせのオッズが売れていることがわかります。

POINT
「馬連人気分布表」でボトム値が出現している馬連の組み合わせは、別な言い方をすれば集中投票があった組み合わせです！

競馬 ひとくち メモ

1頭しか出走しないGⅠレース

上には上があるもので、アメリカで行われた1980年第27回ベルモントのウッドワードS（GⅠ）では、なんとスペクタキュラービッド1頭しか出走しないレースとなりました。さすがアメリカです！

オッズ馬券のルールを
うまく使い分けて
高配当馬券をGET

時系列のオッズチェックから浮上の穴馬

　9時半のオッズから、あらゆる可能性のレースを見いだすことができることは、これまでの説明である程度お分りいただけたかと思います。特に、オッズ馬券で穴馬を浮上させる5つのルールを使うと簡単に穴馬候補を浮かび上がらせることができ、且つ高確率で穴馬候補が馬券に絡んで、高配当馬券に繋がることはこれまでのサンプルレースでも証明できたかと思います。

　ですが、ここでもうひとつ強烈なサンプルレースを紹介してみたいと思います。2018年4月28日、新潟競馬10レースです。9時半のオッズから馬連1番人気のオッズは14.4倍、単勝30倍以内の頭数は12頭ですから穴候補レースとなります。馬連ランクを見ると、馬連1番人気は④−⑮、単勝1番人気は⑦番と馬連1番人気の組み合わせに単勝1番人気の⑦番は入っていません。このような場合は、馬連1番人気の組み合わせである④番と⑮番の単勝人気の

上位の馬から並び替えるのがルールですから、このレースの場合は⑮番となります。そして単勝や複勝も並び替えて完成した表が【表A】となります。

　ご覧いただいて分かる通り、馬連ランク12位と13位の間に「オッズの壁」があります。オッズ馬券では、「オッズの壁」の前の2頭が穴馬候補となるのがルールですから、この場合、⑯番と⑥番が穴馬候補として浮上します。この2頭のうち⑥番をみてください。「複勝6倍の壁」のルールもクリアしていることがわかります。

　このレースは1着⑦番、2着⑩番、3着⑥番で決まり、3連複5万5670円が的中となったのですが、実は1着の⑦番は馬連ランク7位から6ランク上昇していたのです。さらに【表B】をご覧ください。これは10時半の複勝ランクですが、⑩番が複勝ランクで1位に急上昇。つまり⑦番や⑩番は、このオッズからも激走の暗示があったのです。

表A 2018年4月28日・新潟10レース

	1位	2位	3位	4位	5位	6位	7位	8位	9位	10位	11位	12位	13位	14位	15位	16位
馬連	15	4	10	13	14	8	⑦	3	5	12	⑯	⑥	2	1	11	9
オッズ		14.4	23.6	27.8	30.1	32.2	35.2	38.0	42.3	55.5	75.2	109	217	378	444	888

オッズの壁

※⑦番が単勝1位に上昇

	1位	2位	3位	4位	5位	6位	7位	8位	9位	10位	11位	12位	13位	14位	15位	16位
単勝	⑦	15	8	4	10	13	5	14	3	16	12	6	1	2	11	9
オッズ	5.5	5.9	6.0	7.5	9.7	10.0	12.9	14.2	15.0	16.4	26.1	26.2	42.1	66.7	126	181

	1位	2位	3位	4位	5位	6位	7位	8位	9位	10位	11位	12位	13位	14位	15位	16位
複勝	15	3	8	4	13	7	14	⑩	16	5	⑫	⑥	1	11	2	9
オッズ	2.7	2.9	3.1	3.2	3.8	4.0	4.3	4.5	5.2	5.6	5.6	5.7	6.8	14.1	23.5	42.7

複勝6倍の壁

表B 10時半のオッズ

	1位	2位	3位	4位	5位	6位	7位	8位	9位	10位	11位	12位	13位	14位	15位	16位
複勝	⑩	15	8	4	3	7	14	13	6	16	5	12	1	11	2	9
オッズ	2.4	2.8	3.2	3.5	3.6	4.0	4.3	4.6	4.7	5.8	5.9	6.4	7.0	16.8	18.7	37.9

※⑩番が複勝1位に上昇

9時半のオッズ　➡　「オッズの壁から」⑯番と⑥番が浮上

➡　馬連7位の⑦番が単勝1位に上昇

複勝6倍の壁　➡　⑫番と⑥番が浮上

10時半のオッズ　➡　複勝1位に⑩番が上昇している

レース結果　⑦→⑩→⑥
3連複 55,670円

POINT 時系列のオッズチェックをすると、9時半のオッズで浮上した穴馬以外にもわかることがあります!

競馬 ひとくち メモ

宝塚記念で4頭立てのレース

日本のGIレースでは、1961年と1969年の宝塚記念が4頭立てで行われた記録が残っています。今ではフルゲートが当たり前のGIレースで4頭しか走っていないというのだから驚きです。

「突入＆移動馬」の
ルールをクリアした馬が
4頭も出現！

2020年5月24日、京都12レースの例

面白いレースがありましたので紹介しておきます。2020年5月24日、京都12レースです。このレースをルールに従って、馬連、単勝、複勝オッズを人気順に並び替えてひとつの表にまとめたのが【表A】です。馬連1番人気が12.3倍、単勝30倍以内の馬が15頭もいて、完全な穴候補レースとして検討を始めました。

馬連ランクと単勝、複勝ランクを比較しましたらおかしな動きをしている馬が数頭いました。馬連ランク10位の⑫番が単勝3位で7ランク、複勝2位で8ランク上昇していました。馬連ランク11位の②番も複勝5位と6ランク上昇、③番は単勝5位で7ランク、複勝では5ランク上昇していました。さらに人気薄の馬連ランク14位の⑧番も単勝8位で6ランク上昇していたのです。つまりこのレースでは⑫番、②番、③番、⑧番の4頭が「突入＆移動馬」のルールをクリアしていることになります。

同じレースで4頭も「突入＆移動馬」が登場するなんて珍しいことです。そこで10時半のオッズも調べてみることにしました。時系列のオッズチェックです。【表B】が10時半の複勝ランクです。⑧番は馬連ランクは変化なく14位でしたが、複勝ランクが一気に3位まで上昇していたのです。11ランクの上昇なんてそうあるものではありません。反対に③番は複勝5.6倍から7.2倍と大きく下げてしまいました。上位ランクの馬に目を向けると、10時半のオッズでは馬連ランク2位と3位、すなわち⑥番と⑬番の後に約1.7倍の乖離差ができていました。そこで馬券は⑥⑬番から5～7位の馬である①⑨⑪番、そして穴馬候補の②⑧⑫番のフォーメーションを組みました（③番を入れてもOKです）。

レース結果は①→⑬→⑧と入り、時系列で大きく上昇した⑧番が穴馬として馬券に絡みました。

表A　2020年5月24日・京都12レース

	1位	2位	3位	4位	5位	6位	7位	8位	9位	10位	11位	12位	13位	14位	15位	16位
馬連	6	13	10	7	1	11	9	14	15	12	2	3	16	8	5	4
オッズ		12.3	20.5	22.6	25.2	25.6	25.8	30.9	31.9	39.3	44.1	44.6	52.0	77.2	124	162
単勝	6	13	12	11	3	1	10	8	7	2	9	15	4	14	16	5
オッズ	5.5	8.9	9.5	9.9	11.3	12.1	12.6	14.4	14.9	15.4	15.4	16.2	16.6	19.0	22.2	48.4
複勝	9	12	6	13	2	1	3	15	11	8	10	7	16	4	14	5
オッズ	1.3	3.4	3.9	4.1	4.8	5.4	5.6	6.3	6.7	7.8	8.1	8.4	9.0	9.4	11.2	12.4

表B　10時半のオッズ

	1位	2位	3位	4位	5位	6位	7位	8位	9位	10位	11位	12位	13位	14位	15位	16位
複勝	9	12	8	13	10	6	1	2	15	11	3	7	16	14	4	5
オッズ	1.7	2.2	3.5	3.8	4.7	4.9	5.8	6.2	6.3	6.7	7.2	8.1	8.7	8.9	11.4	15.2

9時半のオッズ　➡　⑫番・②番・③番・⑧番の4頭が「突入＆移動馬」

10時半のオッズ　➡　⑧番の複勝が3位に上昇
　　　　　　　　　　③番の複勝が5.6倍から7.2倍に下落

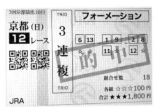

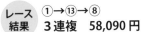

10時半のオッズで複勝が売れた⑧番が3着に入り高配当を演出!

レース結果　①→⑬→⑧
3連複　58,090円

POINT

「突入＆移動馬」のルールをクリアした馬が複数頭浮上した場合では、時系列のオッズチェックが重要となります!

競馬 ひとくち メモ

35頭が出走したダービーがあった

1953年の第20回ダービーは35頭の馬が出走しました。しかし2頭が取り消したため33頭でレースはスタート。勝ったのはボストニアン。現在の倍近くの馬が一斉にスタート。すごい時代があったものです。

GIレースの反対競馬場の最終レースでは高配当を狙え

波乱になる可能性の高いレースがある

　拙著『回収率をあげる オッズ馬券の奥義』でも紹介しましたが非常に重要な要素なのでもう一度紹介してみようと思います。それは「GIレースの反対競馬場の最終レース」についてです。日本ダービーや有馬記念など、GIレース当日の競馬ファンの視点は、ほとんどそのGIレースに注がれます。確かにGIレースの馬券を的中させることは、他の一般レースの馬券を的中させたときの喜びより、満足感や興奮度が違うのは事実です。しかし満足感や興奮度はお金になってくれません。馬券で回収率をアップさせるためには、現実を見極める目も大切なのです。

　実は、GIレース当日は、GIレースが行われていない競馬場（裏開催）の最終レースが面白いのです。なぜ面白いかと言いますと、大穴馬が次から次へと激走する傾向が高いからです（本命党はあまり出番がありません）。

　最終レースは発売時間が長いため、売り上げが多くなります。また無茶買いする人が多いのもその要因のひとつでしょう。ましてや、GIレースともなると、黙っていても通常の開催日以上に馬券が売れるものです。売り上げが上昇するということは、穴馬が馬券に絡んだ際の払戻金も増加することとなります。2020年上半期・安田記念までのデータをまとめてみました。波乱の傾向がずっと続いていることがわかります。

　GIレースでは一流どころのジョッキーが勢揃いします。となれば反対競馬場では、GIレースに騎乗出来なかった騎手を中心に競馬が行われることになります。このあたりも、GIレース当日の反対競馬場のレースが波乱になる可能性が高い要因のひとつかも知れません。最終レースはもともと波乱になる可能性が高いレースです。GIレース当日の反対競馬場の最終レースというお宝チャンスをみすみす逃す手はないでしょう。

2020年上半期のGIレースと最終レースの関係

GIレース名	開催	反対競馬の最終レース			GIレース名	開催	反対競馬の最終レース		
フェブラリーS	東京	不発			NHKマイルC	東京	京都	13番人気	1着
高松宮記念	中京	阪神	7番人気	3着			京都	12番人気	2着
大阪杯	阪神	中山	13番人気	1着			京都	8番人気	3着
		中山	16番人気	2着			新潟	8番人気	1着
		中山	12番人気	3着	ヴィクトリアマイル	東京	京都	7番人気	1着
桜花賞	阪神	中山	10番人気	2着			新潟	11番人気	1着
		中山	9番人気	3着			新潟	12番人気	3着
		福島	7番人気	2着	オークス	東京	京都	7番人気	1着
皐月賞	中山	阪神	12番人気	1着			京都	14番人気	3着
		福島	9番人気	1着			新潟	11番人気	3着
		福島	12番人気	3着	ダービー	東京	京都	9番人気	2着
天皇賞・春	京都	東京	8番人気	1着			京都	13番人気	3着
		福島	10番人気	2着	安田記念	東京	阪神	13番人気	2着
							阪神	7番人気	3着

※7番人気以下を穴馬と想定

GIレース開催日の反対競馬場の最終レースは穴馬が走る

GIレース	⇔	反対競馬場		穴馬が激走する理由？
↓		↓		
一流ジョッキーがGIレースに騎乗		GIレースに騎乗してない騎手中心		

POINT

GIレース当日の反対競馬場の最終レースでは、7番人気以下の馬が馬券に絡む可能性が高いのです！

競馬 ひとくち メモ

32番ゼッケン、23番人気が2着

1961年の第28回ダービーは32頭立てで行われ、なんと32番ゼッケンのメジロオーが23番人気で2着入線。勝ったハクショウとの差はハナ差。32番ゼッケンもビックリですが、23番人気というのも驚きです。

オッズの世界には基軸オッズがある

　世界ではドルやユーロを基軸通貨として、さまざまな国の経済活動が行われています。各国の通貨がドルやユーロで換算され、貿易をしているのです。競馬の世界でも基軸となるオッズは存在します。それは馬連オッズであるというのが私の考え方です。基軸通貨は大きな変動をしてはいけません。今日の換算レートで1ドル110円だったものが翌日は210円、さらに翌日は90円というような感じだったらどうでしょうか。世界の経済活動が動揺してしまうこと間違いなしです。競馬では単勝オッズが基軸のオッズであると思っている人が多いと思います。しかし単勝オッズは人気順が安定せず、オッズがどんどん変動します。基軸となる通貨の換算レートは短期間では大きな変動はありません。馬連の人気ランクもオッズの数値の多少の上下はあるもの、ランク間の移動は少ないものです。ですから馬連オッズを基軸オッズとして私は考えているのです。馬連の人気ランクを単勝ランクや複勝ランクと比較して穴馬を見つけ出している理由のひとつには、馬連オッズが基軸オッズと考えているからなのです。

　馬券を検討するときに単勝人気に注目する競馬ファンは多いものですが、馬連の人気ランクを気にする人はあまりいません。多くの人が注目していないオッズに馬券のヒントが隠れているのです。

第 4 章

回収率を下げる
タブー

馬券で回収率 100%超えを狙うのであれば、
馬券で負けている人たちが
陥ってしまうことを真似しなければいいのです。
反面教師とはよくいったものです。
無駄な馬券は絶対に買ってはいけません！

中心に買う馬券の式別は
変更してはいけません

競馬ファンはそれぞれ色々な馬券を購入しています。今では3連複や3連単といった3連系の馬券のシェアが一番多いですが、どの式別でも人それぞれです。オッズ馬券では3連複馬券を中心に馬券を組み立てています。他の式別でも回収率100%を超えることは可能かと思いますが、ひとつだけ注意してほしい点があります。それは同じスタンスで同じ式別の馬券を購入し続けることです。

ある日のメインレースでは単勝とワイド馬券、ある日のメインレースでは馬連と3連単というように、日によって馬券の種類を変えたり、1レースでは馬連馬券、5レースではワイド馬券というように、一日の中でも買う馬券の式別を変える人を見かけます。このようにコロコロ馬券の種類を変える人は回収率を悪化させ、結果的には負け組の道を辿ることになってしまいます。

馬券の式別を変えると当然、投資金額と見込める配当金とのバランスも崩れてしまいます。

特に最終レースなど、その日一日の馬券収支を合わせるために式別を変える行為はやめたほうがいいと思います。

| 特別レース
単勝馬券
購入 | | メインレース
3連複馬券
購入 | | 最終レース
馬連馬券
購入 |

レースごとに式別を変えることは望ましくない

| 自分の購入スタイル
の確立 | | 回収率がアップする |

 馬券で勝利している人の多くは馬券の購入パターンを決めています！

人気馬から馬単馬券を買っても旨味はありません

　超1番人気の馬から馬連馬券を購入するとき、1着になる可能性が高いと思い込み、超1番人気からの馬単馬券を購入したくなりますが、この行為は回収率を考えると好ましくない買い方であると思っています。競馬には絶対がありません。レース展開やアクシデントで、超1番人気が2着以下に沈むケースは日常茶飯事のように起きています。記憶に新しいレースとしては、2020年の安田記念がそれにあたるでしょう。人気を集めた⑤番アーモンドアイは最終的には単勝1.3倍と圧倒的な1番人気に支持されていました。しかしふたを開けてみると2着です。勝ったのは⑪番のグランアレグリアです。アーモンドアイとグランアレグリアの組み合わせ、馬連⑤－⑪は6.5倍、馬単⑤→⑪は7.2倍となっており、たった0.7倍しか変わりません。このレースで、この2頭の組み合わせで馬連を買った人は的中ですが、⑤→⑪の馬単を買った人はハズレです。馬単馬券は人気薄から人気馬の組み合わせを買う馬券だと思っています。現実に⑪→⑤は2840円と馬連に対して4倍以上の配当がついています。

人気薄馬を1着にする!　　　　人気馬を1着にする!

高配当馬券が　　　　　　　　高配当馬券が
期待できる　　　　　　　　　期待できない

馬単馬券は人気薄の馬から人気の馬へ流す馬券が配当的に妙味ありです!

ハズレ馬券を恐れる感覚が
馬券の購入点数を増やしてしまう

　ネット投票は不要な情報を耳にする機会が少なくなり、無駄な馬券を購入する危険性が少なくなると思われます。ただ、環境の整っているネット投票、すなわち "おうち競馬" ですと、競馬場やウインズで馬券を購入するときと比べ、検討する時間が増える傾向にあります。ここでひとつ注意して欲しい点があります。しっかりとしたルールに基づいて検討する時間を割くのは反対しません。むしろ推奨します。

　しかし「この馬が来るかもしれない」「この馬が絡むと高配当」などと、根拠のない感覚的な思いつきで馬券を購入することは、最終的には回収率を悪化させてしまいます。この行為は「馬券をハズしたくない」という思いが強すぎるからだと思っています。すべてのレースを的中させることなどまず不可能なことです。ハズレ馬券を購入することは別に恥ずかしいことではないのです。しかし常に当たり馬券を手にしたいという気持ちだけが先走ると、無駄な馬券を買ってしまい、的中しても投資金額を上回らない、いわゆる "ガミ馬券" を買ってしまうことになります。

ネット投票		おうち競馬

↓

検討する時間が増える

目的なく検討し続けると「ハズしたくない」という心理が働き無駄な馬券を買ってしまいます！

何がなんでも的中させようとして点数を増やす行為は絶対にやめましょう！

ハズレ馬券を買った理由を
他人のせいにしてはダメです

社会心理学に「認知的不協和」という言葉があります。アメリカの心理学者であるレオン・フェスティンガーによって提唱された理論で、簡単にいえば、努力をしてもかなわない対象がある場合、それを「自分には必要ないもの、不必要なもの」とあきらめの理由としてしまう心理のことを指します。

自分の予想した馬券がハズれると、「騎手が悪い」「展開が悪い」「馬場が悪い」などと人のせいにし、的中馬券という自分にとって欲しかったものが手にできなかった理由を正当化しようとします。前項でも申し上げましたが、100%馬券を的中し続けることは無理な話です。ハズレ馬券を買ってしまうのは恥ずかしいことではないのです。大切なのはハズレ馬券を買った理由を他人のせいにするのではなく、ハズレ馬券と真摯に向き合い、どうして予想をハズしてしまったのかその原因を検証し、次の予想につなげることなのです。

ハズレ馬券を次のステップになるように原因を分析し続けると同じ過ちをしないようになり、結果的に回収率がアップします。

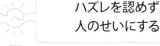

ハズレ馬券を買うことは恥ずかしいことではない！

| 認知的不協和 | | ハズレを認めず人のせいにする |

失敗を認めないので同じ過ちを繰り返す

どうして馬券をハズしてしまったのかを分析することは次につながります！

単勝人気はその馬の能力を示す数値ではない

オッズには「単勝人気」というものがあります。この人気は馬券を購入した人たちの購入行動を数値化したもので、その馬の能力値ではありません。しかし「単勝人気＝馬の能力」ではないと頭ではわかっていても、いざ馬券を買うときには「単勝人気＝馬の能力」が正しいと勘違いしてしまいます。海外の馬券を今では日本でも買うことができますが、オッズは、日本国内で売れたものに限って計算されています。有力な日本馬が出走すると、その馬に人気が集まる傾向にありますが、海外の現場の

オッズやブックメーカーの掛け率とは違いが出ることも珍しくありません。すなわちこれこそが、単勝人気が馬の能力とは異なるということを証明しているといってもいいでしょう。

単勝人気については拙著『回収率をあげる オッズ馬券の教科書』他で申し上げ続けていますが、これをしっかりと理解していないと、超１番人気を絶対的なものと勘違いしてしまい、何の疑いをもたずにその馬から馬券を組み立ててしまいます。単勝オッズの数値は絶対的なものではないのです。

| 1番人気 | ≒ | 強い馬 |

イコールではない

単勝
1.5 倍
この馬は
強いな

単勝
100 倍
この馬は
弱いな

この考え方は間違い!

単勝１番人気の数値を過度に信用すると
馬券の本質が見えなくなります!

根拠のない馬券は
買えば買うほどマイナスになる

　1日にひとつの競馬場では通常では12レースが行われています。3場で同時に施行されていると36レースものレースが行われていることになります。いくらネット投票、検討する環境が整っている"おうち競馬"でも、すべてのレースにおいてすべての馬の優劣を分析することは難しいと思います。レースがあるとつい馬券を買いたくなる気持ちも理解できますが、一定のルールに基づいて馬券を購入する以外は、馬券を買うレースが増えれば増えるほど回収率が悪化すると考えましょう。

　今ではすべてのレース結果をJRAのホームページで見ることが可能です。グリーンチャンネルに加入すれば、WINSや競馬場と同じような感覚で"おうち競馬"を楽しむことができます。その環境に大きな落とし穴があるのです。

　「ちょっとだけ」という感覚で馬券を買い続けると、気がついたときには結構な金額がマイナスになってしまうことも珍しくありません。自信をもって馬券を買うレースと見て楽しむレースを区別することが、回収率をあげるためには大切なことなのです。

根拠のない馬券を買ってしまう!	根拠のない馬券が的中してしまう!

勘だけで的中するようなことは何度もない!

無駄な馬券を買わない	=	回収率がアップする

自分で購入する馬券はどうして購入するのかその理由を意識しましょう!

レース直前に入ってくる情報に
惑わされないよう注意！

　人間の脳は、過去の経験や情報から正しい方向を導き出し行動をしていると思いがちですが、実は直前に経験したものや情報に左右されてしまう傾向にあります。マーケティングの世界でよく使われる「プライミング効果」のようなものです。1番人気の馬が連勝すると1番人気を信用してしまったり、反対に1番人気の馬が連敗すると今度こそは1番人気が絡むと思い込んでしまったりします。どうして1番人気が勝ち続けているのか、どうして1番人気が連敗しているのか、自分なりにその理由を分析して

いるのであれば問題ありませんが、ただ直前の情報だけに躍らされて、感覚だけで馬券を組み立ててしまうと、いい結果は期待できないものです。

　3連単馬券で100万円を超えるような馬券が出ると、なんとなく自分も当たるのではないかという気持ちになり穴馬券を買ってしまう行為もこの「プライミング効果」と関係があります。

　競馬場のパドックなどで知らない人の囁きに左右されたり、一緒に行った仲間の直前の言動などによって自分の予想に影響が出たりするのも同じです。

脳のメカニズムに惑わされるな！

プライミング効果		直前に経験した情報に 左右される

自分の予想を直前で変更する

レース直前に入ってくる情報に躍らされて
次々馬券を買う行為はＮＧです！

人気馬が複数存在するボックス馬券には注意せよ！

馬券の組み立て方のひとつとしてボックス馬券があります。自分の予想から気になった馬のすべての組み合わせの馬券を買う方法です。

ここでA、B、C、D、Eの5頭の馬から馬連ボックスを購入したと仮定しましょう。AからEの5頭ともに同じような人気でしたら問題ありませんが、Aが1番人気、Bが2番人気というような人気馬が複数（この場合は2頭）いるケースのボックス馬券には注意しなければならない事があります。それは人気上位馬の2頭の配当です。なぜなら

AとBの馬で1、2着してしまいますと投資金額を下回る可能性が高いからです。AとBとの馬連オッズが10倍を超えているケースでは問題ありませんが、もし10倍を下回るケースでは、その組み合わせ馬券が投資金額を上回るように追加で購入するなどしたほうがいいと思います。

自分の購入した馬券の回収率がどの程度なのかを常に把握しておきながら馬券を購入することは大切です。投資金額を下回る"ガミ馬券"だけは避けなければなりません。

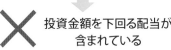

投資金額を下回る配当が含まれている

投資金額を下回る配当が含まれていない

馬券の投資金額に対していくら払い戻しが期待できるかを意識しましょう！

自分が競馬で使える金額を
把握しておく

予算や仕事の目標を立てずに仕事をしている会社はないと思います。ましてや多くの従業員を抱えている会社でしたらなおさらです。お金の流れを把握しないで仕事を続けていたら、いずれ破綻してしまうことは明らかです。競馬の世界も同じなのです。回収率100%を超えている人の多くは馬券に使う金額をしっかりと管理しているはずです。

自分が馬券でどれくらいの金額を使うことが可能なのか、それは1レースに換算した場合どの程度なのか?を自覚しながら馬券を買い続けなければなりません。またどの程度の配当や回収率を目指しているかも明確にしていないと、ダラダラと馬券を買うことになります。

オッズ馬券では穴馬から馬券を買う場合、ひとつのレースでは回収率500%になるような買い方をしています。すなわちそれは5レースに1回的中すればいい計算です。的中率は20%です。このペースを守り続ければ結果的に回収率は100%を超えることになります。いくらメインレースでもオッズ馬券のルールに該当しないレースの馬券は買いません。

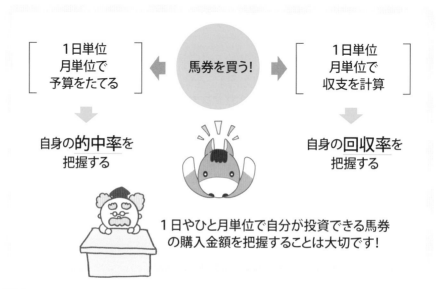

判定が出たレースがオッズ馬券ではGⅠレースです

　ダービーや有馬記念といった大きなレースの馬券を的中させたときの興奮は平場のレースを的中させたときの何倍にもなります。しかし馬券収支的にはどうでしょうか。GⅠレースを的中させたからといって、払戻金が多くなるわけではありません（一部の馬連５％アップなどというキャンペーンは除く）。GⅠレースも平場のレースも同じひとつの競馬なのです。

　オッズ馬券ではしっかりとした判定が出たレースをGⅠレースだと思っています。判定が甘いレースは、たとえそれがGⅠレースでも馬券は購入しません。回収率をアップさせるには、無駄な馬券をいかに買わないかということが大事になってくるのです。それにはまず、無駄な馬券は何か、ということを理解しなければなりません。自分自身の今までの馬券購入パターンを振り返ってみてください。あまり馬券でいい成績を残していない方は何か思いあたるふしがあると思います。

　馬券収支を考える場合、ただ的中させるだけではなく、いかに無駄な馬券を買わないようにするかも重要です。

GⅠレース → 楽しむレース

自信のあるレース → 儲けるレース

自分自身にとって苦手なレースは見送りです！

GⅠやメインレースを中心に考えず
自信のあるレースを中心に考えましょう！

競馬の世界で先入観をもつと ハズレ馬券を 買うことになります!

レースそのものの本質を見抜く技術

これから下に紹介する文章を読まずにまずは下の正三角形をご覧ください。そしてその正三角形の面積を求めてください。その面積についての問題の答えがわかりましたら、下記の文章を読み進めてください。

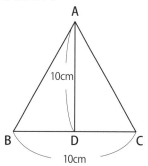

（問）正三角形の面積を求めなさい

どんな答えを導き出したでしょうか。三角形の面積を求める公式は底辺×高さ÷2で求められることは小学生でも知っています。底辺は 10cm と書いてあります。そして高さは 10cm です。となれば 10 × 10 ÷ 2 で 50㎠となり、「50㎠」と多くの人が答えるでしょう。

しかしちょっと待ってください。この三角形は正三角形といっています。となれば、すべての辺の長さは 10cm です。三角形ＡＢＤは斜辺の長さが 10cm、高さが 10cm の三角形ということになります。こんな三角形は存在しませんね。つまり、「こんな三角形は存在しない」が正しい答えなのです。

なぜこのような問題をここで紹介したのかといいますと、先入観をもって物事を考えると本質が見えなくなってしまう危険性があるということを申し上げたかったからです。競馬の場合も「この馬は負けない」という先入観をもって予想を続けると、レースそのものの本質を見抜けず、ハズレ馬券をつかんでしまうことになるのです。どうしてこの馬は人気になっているのか、どうしてこの馬は支持されていないのか、意識的に疑問を自分自身に投げかけて検討すると、自然と新しい何かが見えてくるものです。馬券に先入観は禁物なのです。

先入観をもつ		先入観をもたない

底辺×高さ÷2
という公式を
求められている

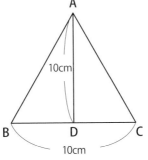

なんか
この正三角形が
変だぞ?

↓ 本質が見えていない

(問)正三角形の面積を求めなさい

↓ 本質が見えている

先入観をもつ	単勝1番人気 1.2倍	先入観をもたない

この馬は強い!
きっと1着に
なるはずだ

なんでこの馬が
1.2倍になってる
んだろう?

↓ ハズレ馬券ばかり
買ってしまう

↓ 的中馬券につながる!

POINT

馬券を予想するときに先入観をもってしま
うとレースの本質が見えなくなってしまい
結果的にハズレ馬券を買ってしまいます!

競馬 ひとくち メモ

駅で入場制限がかかる

中山競馬場の入場者のレコードは177,779人。オグリキャップの勝った1990年の有馬記念です。レース後、最寄り駅の船橋法典は入場制限がかかり、多くの人は約30分かけて西船橋まで歩いたものです。

異常に売れている馬の原因を探る

86頁では馬券検討をする上では先入観をもたず、常に疑問をもつことが大切であると申し上げました。とくに単勝などに現れる異常投票には注意しなければなりません。オッズ馬券では、馬連ランクと比較して単勝や複勝馬券が売れている馬には注意を払っています。それと同時に、なぜこの馬は売れているのかの分析も忘れないようにしています。最近よく現れる傾向が藤田菜七子騎手の馬に対してです。9時半の段階でそれは顕著に表れます。それが正しい情報をもとに単勝馬券が買われたのか、応援馬券で買われたのか、判断に困るケースが多いものです。特にこの応援馬券は単勝オッズに現れる傾向が強いです。騎手や調教師が引退するレースや、あと1勝で1000勝というような区切りのレースにも現れます。以前インドネシアの地名を意味するキンタマーニという馬へも異常なほど単勝馬券に票が入りました。

異常投票には2つのパターンがあると考えています。「真実を語る異常投票」と「応援馬券による異常投票」です。前者は馬券に絡む可能性が高いですが、後者はほとんど馬券に絡みません。今では誰でもネットを通じて異常投票を発見することができます。「あれ?」と感じたオッズがあったとき、「なぜ?」とその原因を調べる習慣をもつと、的中馬券に近づくことにつながります。

第 5 章

馬券の組み立て方

穴馬を見つけ出しても相手へうまく流さなければ
3連系の馬券を的中させることはできません。
同じ馬から馬券を買っていても
ちょっとした馬券の組み立て方の違いで
回収率は大きく変わってしまうものなのです！

フォーメーション馬券で
回収率をアップさせる
買い方はコレだ！

無理なく同じ買い方を続けることが重要

第3章では大穴型レースと判定されたレースで、オッズ馬券術の5つのルールを使い分けながら穴馬を見つけ出す方法を紹介しました。しかし穴馬を見つけ出すことができても、相手馬を選択することができなければ、馬券で的中したことにはなりません。浮上した穴馬は、3着までに入る可能性の高い人気薄馬です。複勝馬券を買っていれば確実に的中馬券にありつくことは可能です。複勝馬券でも買い方次第では回収率100％を超えるかもしれません。しかしもっと確実に高配当馬券を狙いたいところです。

オッズ馬券術ではお勧めしているフォーメーション馬券があります。フォーメーション馬券で使用するオッズは10時半のものです。10時半のオッズで、馬連ランクを調べます。調べ方は9時半のオッズで馬連ランクを並び替える作業と同じです。馬連ランクがわかりましたら、1位から4位をAグループ、5位から8位をBグループに分けます。Aグループ→Bグループ→穴馬、すなわち、馬連ランク1位から4位→5位から8位→穴馬の16点のフォーメーションを購入します。それに加え、2位→3位→穴馬、5位→6位→穴馬の2点を加えます。馬連ランク2、3、5、6位の馬は3連複馬券では穴馬の相手馬として馬券に絡む傾向があるからです。また、穴馬からの押さえ馬券も意識したほうがいいでしょう。押さえ馬券とは、ワイド馬券のことです。特に穴馬の馬連オッズが80倍台を超えている場合はワイド馬券を購入することをお勧めします。ワイド馬券を購入するとき、3連複馬券の相手馬はランクの下位の馬まで少し手広く流すことも重要です。なぜなら、相手は万馬券です。ワイド馬券は数点増えてもそれほど大きな出費にはなりませんが、下位の馬が馬券に絡んだときには大きなリターンが得られるというメリットがあるからです。

3連複フォーメーション馬券の組み立て方

穴馬からの対極馬券も意識する

10 時 半 の 馬 連 ラ ン ク

A グループ
1位　2位　3位　4位
追加

B グループ
5位　6位　7位　8位
追加

相手馬 ＝ 18点
[1位〜4位]－[5位〜8位]－穴馬
[2位]－[3位]－穴馬
[5位]－[6位]－穴馬

馬連ランク2位、3位、5位、6位は
馬券に絡むことが多い

馬券の1点あたりの購入金額は常に固定しておく

9時半のオッズから浮上した穴馬から
馬券を組み立てるときには、10時半の
オッズを使って単勝1番人気から並び
替えた馬連ランクを使用します！

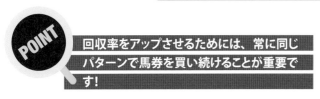

POINT

回収率をアップさせるためには、常に同じ
パターンで馬券を買い続けることが重要で
す！

競馬 ひとくち メモ

馬ではなく騎手にコール

日本で一番お客さんが集まったレースは、1990 年に東京競馬場で行われた第
57 回日本ダービー当日です。勝ったのはアイネスフウジン。ナカノコールの大
合唱が沸き起こったダービーです。

対極馬券を意識する
買い方は回収率を
アップさせることになる

ワイド馬券で取りこぼしのないようにする

　馬券で負けている人の多くは、馬券の種類をバラバラと買う傾向にあります。あるレースで単勝や馬連馬券を購入したかと思えば、次のレースでは３連単や３連複馬券といった具合です。このように、レースごとに色々な種類の馬券を買うということは、自分の馬券のスタイルを確立していないことになります。前項で穴馬から馬券を買う場合、押さえ馬券を購入することをお勧めすると書きました。私はこの穴馬からの押さえ馬券のことを「対極馬券」と呼んで重要視しています。資金をゼロにしないためにはこの「対極馬券」を常に意識したほうがいいです。

　今一度「対極馬券」について説明してみましょう。ある１頭の馬、Ａを見つけ出し、その馬から馬券を組み立てようとします。３連複馬券でしたらＡの１頭軸流しで相手馬への組み合わせを購入します。Ａが３着まで入線し、選んだ相手馬の組み合わせがあれば的中とな

ります。しかしＡが３着までに入ったからといっても、相手馬を全通り購入していない限り、１００％的中というわけにはいきません。そこでワイド馬券の登場となるのです。複勝が10倍もつくような穴馬からの流し馬券でしたら、３番人気や５番人気といった上位の馬が絡んだだけでも４～５千円の配当がつくケースが多いものです。つまり３連複馬券の「対極馬券」がワイド馬券なのです。ワイドをうまく２点的中ともなれば、合わせて１万円以上の配当も珍しくありません。ワイド馬券をまず購入、そこから３連複馬券を組み立てるスタイルなら、３連複馬券が的中すれば自動的にワイド馬券も的中することになり、３連複馬券をハズしてしまっても、ワイド馬券で補填できるのです。

　資金をすべて失うような買い方をせず、次につなげるような購入スタイルを心掛ければ、長期的にみて回収率をアップさせることになります。

「対極馬券」で回収率をアップさせる！

穴馬を1頭に決める！

　その馬から
3連複馬券を買う

　その馬から
ワイド馬券を買う

3連複
馬券的中

ワイド
馬券的中

3連複馬券　　ワイド馬券

対極馬券

穴馬が馬券になったときに確実に配当を
得られる馬券の買い方を心がけましょう！

POINT 穴馬が馬券に絡んだときには、たとえワイ
ド馬券でも結構な配当がつくことを覚えて
おきましょう！

払い戻しをする両替屋

払い戻し窓口が混雑し過ぎてしまうことが多かった時代、両替屋という人がいました。客から手数料をもらい払い戻しをするのです。当時は、平日でも場外馬券場の近くに払い戻しをする人がいたものです。

少頭数レースの場合は
下位ランクすべてを相手に
選ぶべきです

組み合わせにヌケがないように馬券を買う

　少頭数レースでの馬券の組み立て方を紹介してみましょう。少頭数レースとは12頭立て以下のレースを指します（判定によっては13頭も入ります）。

　2020年3月28日、阪神9レースです。このレースで、私は総合的な判断から⑩番の馬を中心に馬券を組み立てることにしました。このレースを⑩番から3連複馬券を流すことをお勧めするレポートは、私のブログでも発表しましたので、記憶にある方もいると思います。

　ここで一番申し上げたいことは、少頭数である1頭の馬から馬券を組み立てるときには取りこぼしのないような買い方することです。少ない点数で馬券を的中させたときの快感は大きいと思います。しかし自信のある馬から馬券を購入するときには、自信があればあるほど取りこぼしのないように馬券を購入することが、長期的にみれば回収率をあげることにつながるのです。

　⑩番から上位3頭への組み合わせを軸に考え、馬連5位以下に流す馬券を組み立てるとき、少頭数レースのときは、下位ランクすべての馬に流すことが大切だと考えています。

　前項では「対極馬券」の話で、穴馬から馬券を組み立てるときには、ワイド馬券にも注目することをお話しました。穴馬を見つけ出しても、上位の馬の組み合わせを間違えると、3着までに穴馬が来ても配当を受け取ることができません。競馬は配当をもらってナンボの世界です。特に少頭数レースの場合は、下位ランクすべてを買ってもそれほど点数は増えません。

　レース結果は狙った⑩番が1着でゴールし、2着には4番人気の①番（9時半のオッズでは1番人気）、3着には11番人気の⑧番が入りました。3連複の配当は3万4100円です。もし中途半端に数点を抑え、下位ランクの馬をカットしてしまっていたら、3万円馬券をGETすることはできなかったのです。

表A　2020年3月28日・阪神9レース

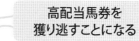

	1位	2位	3位	4位	5位	6位	7位	8位	9位	10位	11位	12位
馬連	12	10	7	1	6	9	11	2	4	5	8	3
オッズ		12.7	13.3	15.8	24.5	25.3	27.3	30.2	30.9	42.3	85.2	94.1
単勝	1	12	7	4	9	10	5	11	6	2	8	3
オッズ	4.3	5.4	6.4	7.0	8.0	9.2	14.7	16.5	18.2	21.2	21.2	34.4
複勝	1	12	4	9	7	10	3	6	5	2	11	8
オッズ	2.0	2.2	2.8	2.9	3.0	3.0	4.5	4.9	6.0	6.0	6.4	8.3

※全ての馬が複勝10倍未満

少頭数レースでは総流しでも点数は多くない

中途半端に購入 点数を減らす		高配当馬券を 獲り逃すことになる

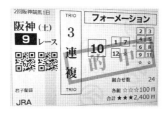

 下位人気が馬券に絡み高配当馬券が的中！

レース結果　⑩→①→⑧

3連複　34,100円

POINT　少頭数の場合は下位ランクの馬が馬券に絡むことがあるので、総流しすることをお勧めします！

競馬 ひとくち メモ

売り上げ875億円の有馬記念

1996年の第41回有馬記念の売り上げは約875億円でした。勝ったのはサクラローレルです。ちなみにダービーで過去最高の売り上げを記録したのは1994年のナリタブライアンの勝った第61回ダービーで約568億円です。

馬連ランク2位→3位、5位→6位を追加して的中率をあげる

たった2点の追加で万馬券を確実に捕まえる

90頁で穴馬からの馬券の基本的な組み立て方として、穴馬から1位〜4位→5位〜8位、それに加え、2位→3位と5位→6位の組み合わせを追加で購入することを申し上げました。この追加馬券で恩恵にあずかったレースを紹介しましょう。2020年3月21日、中山11レースです。9時半のオッズで馬連1番人気は13.6倍、単勝30倍以内の頭数は13頭ですから穴候補レースとしては合格です。単勝1番人気絡みの馬連オッズを人気順に並び替え、単勝、複勝オッズも同じように並び替えていきます。完成した表が【表A】となります。

まず注目したいのがコンピ指数ブービーランクの⑦番です。馬連ランク9位に上昇し、さらには「複勝6倍の壁」のルールからも浮上しています。怪しい穴馬候補ではないでしょうか。穴馬が決まりましたら、次は3連複のフォーメーションで馬券を組み立てていきます。オッズ馬券術では、競馬予報や穴馬の判定では9時半のオッズを使用しますが、馬券を購入するときには「時系列のオッズチェック」でも使用する10時半のオッズを使います。9時半のオッズで馬連ランクを並び替えたときと同じように、馬連ランクを並び替えていきますと、【表B】のようになっていました。主力フォーメーションに加え、2位→3位と5位→6位の組み合わせを購入します。レース結果は1着には馬連ランク3位の⑧番が入り、2着に穴馬候補である⑦番、そして3着には馬連ランク2位の⑫番が入り、3連複馬券の⑦−⑧−⑫は1万8310円でした。

このレースは馬連ランク2位と3位の組み合わせが穴馬の相手でしたので3連複馬券は約2万円程度ですが、馬券のコピーのように、穴馬がハッキリしている場合は2、3、5、6位へのボックス馬券も追加で購入すると、ダブルで的中させることができます。

表A　2020年3月21日・中山11レース

	1位	2位	3位	4位	5位	6位	7位	8位	9位	10位	11位	12位	13位	14位	15位	16位
コンピ指数															7	

	1位	2位	3位	4位	5位	6位	7位	8位	9位	10位	11位	12位	13位	14位	15位	16位
馬連	4	12	8	3	16	14	6	9	⑦	5	2	10	13	15	11	1
オッズ		13.6	13.8	14.7	19.1	19.7	26.9	38.3	52.0	56.2	63.1	92.5	142	210	226	339
単勝	4	12	8	3	16	14	9	6	⑤	7	13	10	2	15	11	1
オッズ	4.3	6.9	7.9	8.3	8.6	9.7	12.6	17.3	17.8	20.4	22.5	25.8	27.9	50.7	54.9	64.1
複勝	4	14	12	8	16	3	9	⑦	6	5	10	2	13	15	11	1
オッズ	2.0	2.2	2.9	3.6	3.8	4.2	5.3	5.8	6.1	6.2	7.8	8.4	11.3	11.3	19.9	29.5

複勝6倍の壁

表B　10時半の馬連ランク

	1位	2位	3位	4位	5位	6位	7位	8位	9位	10位	11位	12位	13位	14位	15位	16位
馬連	4	12	8	3	16	14	6	9	7	5	2	10	13	15	11	1

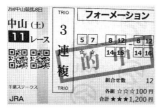

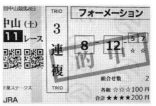

 馬連ランク 2,3,5,6 位
の組み合わせを意識し
ダブルで馬券的中！

 レース結果　⑧→⑦→⑫
3連複　18,310円

※買い目の⑤番は他のルールから浮上

 POINT

**わずか2点の追加馬券でも1回的中する
だけで回収率には大きな影響を与えること
を覚えておきましょう！**

競馬 ひとくち メモ

メインレースは最終レースのひとつ前

競馬法施行規則第2条に、1日の競走回数は12回と決められています。ジャパンカップなどを除くとほとんどはメインレースがひとつ前のレースです。理由は帰路の混雑緩和対策という説があります。

ルールから危険な 1番人気と判定されたときの 対処法はコレだ！

超1番人気の馬が消えると高配当馬券になる

　32頁と34頁では1番人気が信用できるかどうかを判別することの重要性と、どんな馬が馬群に沈む可能性が高い馬なのか、その判定方法を紹介しました。では1着にならない可能性、もしくは3着までにも絡まないのではないかと判定される危険な1番人気が出現したら、どのように対処すればいいのでしょうか。それは2、3番人気に注目するのです。3連単馬券では2、3番人気を1着に固定して馬券を組み立てていきます。

　1番人気から3番人気は、9時半のオッズにおいて、馬連1番人気が9倍以上、単勝30倍以内の頭数が10頭以上という、すなわち穴候補レースと判定されたレースを除くと、直近のデータでは80％を超えるレースで馬券に絡んでいます。すなわち、本命サイドレースや中穴サイドレースではほとんどのレースで、1〜3番人気の馬が3着までに入っているのです。言い換えれば、4番人気以下の馬で1〜3着までを占める割合は少な

いということなのです。特に2倍を切るような超1番人気が出走しているケースでは、1〜3番人気の馬が中心のレースになるのではないでしょうか。では、超1番人気が中心であると予測されているレースで、超1番人気が危険だと判断されたのであれば、どのようなレースになるでしょうか。超1番人気が存在する多くのレースは、「1番人気」VS「2、3番人気」の図式が成り立っていると私は考えています。その1番人気が弱いと判断されるのですから「2、3番人気」中心のレースとなるのです。

　超1番人気が2、3着、あるいは3着にも絡まないケースでは、3番人気→2番人気→4番人気といった上位人気で決まるだけでも、3連単馬券は結構な配当が望めます。危険な1番人気が発見されたら、2、3番人気を中心に馬券を組み立てると好配当馬券をGETできるのです。

超１番人気になる可能性のある馬

9時半の
オッズ

単勝４.０倍以上

複勝２.０倍以上

➡ どちらかのオッズが
該当していても危険な
超１番人気となる

危険な超１番人気と判定される！

| 1番人気 | ➡ | 1着にならない |

2番人気

3番人気 ➡ 1着になる
可能性が高い！

POINT
超１番人気の馬が危険であると判断され
たレースでは、２、３番人気が１着にな
る可能性が高いものです！

競馬 ひとくち メモ

女性専用の馬券発売所

2020年の馬の博物館が発行している卓上カレンダーによると、1965年頃の
京都競馬場には女性専用の馬券発売所が登場。現在のＵＭＡＪＯにつなが
るサービスと書かれていました。

少頭数レースでも
超1番人気が消えるだけで
万馬券となる

馬券の組み立て方を工夫するだけで高配当

　少頭数でも危険な1番人気が2着以下、あるいは馬券から消えるだけで万馬券になる例を使いながら、馬券の組み立て方を紹介していきましょう。2020年2月16日、東京競馬11レースです。【表A】は単勝1番人気の⑧番から馬連ランクと単勝ランクを並び替えた表です。このレースは重賞競走で前日から発売され、⑧番は注目されている馬でした。⑧番は前売りの段階では単勝1.1倍に対して複勝が1.2倍と複勝オッズの方が単勝オッズより高いという単複逆転現象を起こしていました。

　超1番人気はどんなときでも安定した売れ行きをしていなければなりません。単複逆転現象がある馬は、危険な1番人気になることが多いものです。売り上げが少ないレースなら理解できますが、少頭数とはいえ重賞レースです。複勝オッズの方が高いのは1番人気に何か不安定要素がある証拠でしょう。前売りオッズでは1.5倍だった⑧番は当日

の9時半のオッズで1.7倍。そして10時半には1.9倍と下落していました。そこで、⑧番は危険な1番人気の可能性が高いとジャッジされたのです。となれば、単勝2番人気、3番人気を中心に馬券を考えていくのが定石です。

　このレースでは⑥番と⑦番が絶好の狙い目となります。なぜなら、単勝3位と4位の間に単勝オッズの「オッズの壁」があり、⑥番と⑦番は「オッズの壁」の前2頭でもあります。よって、馬券は⑥番、⑦番を1着に固定してフォーメーションを組み立ててみました。

　基本は「オッズの壁」の前の馬を中心に＜1着＞⑦⑥番→＜2着＞⑧⑦⑥③②番→＜3着＞⑧⑦⑥③②④①番となります。私は基本となるフォーメーション馬券の他に、馬連の「オッズの壁」の前の1頭である②番、それに1着候補の⑦⑥番の3頭の3連単ボックスも追加で購入しました。

表A　2020年2月16日・東京11レース

	1位	2位	3位	4位	5位	6位	7位	8位	9位
馬連	8	7	6	3	2	4	1	9	5
オッズ		3.9	5.2	7.6	10.3	21.3	21.8	139	208
単勝	8	7	6	3	2	1	4	9	5
オッズ	1.6	4.4	5.8	11.2	14.4	18.2	25.5	114	150

（オッズの壁）　（オッズの壁）　（オッズの壁）

※単勝2・3人気が中心

1番人気の⑧番が危険な1番人気と判定される ➡ 2、3番人気が1着になる可能性が高い！ ➡ ⑦番、⑥番を1着に固定して馬券を組み立てる

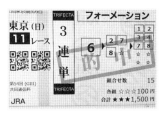

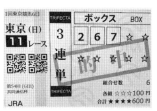

 3番人気の⑥番が見事1着となり少頭数でも3連単万馬券的中！

レース結果　⑥→②→⑦　3連単　16,600円

POINT　ちょっとした工夫をするだけで、少頭数のレースで3連単万馬券をGETすることが可能です！

競馬 ひとくち メモ

馬券を購入するだけで長蛇の列

今でこそ、地方競馬の馬券も気軽にネットで購入できる時代になりましたが、後楽園に大井競馬の場外馬券場ができた当初は、東京大賞典などの大きなレースでは購入するまで1時間以上もかかった時がありました。

馬連1番人気が15倍を超えるレースの特徴が教えてくれること

馬連上位ランクから穴馬へのワイド馬券

オッズ馬券のスタートラインは9時半のオッズの「競馬予報」です。レースの性格、すなわち波乱になるかどうかの判定をまずはしなければならないことは既に理解できたかと思います。馬連1番人気のオッズが9倍を超えているレースが穴候補レースとなるわけですが、まれに15倍を超えるオッズが馬連1番人気になるときがあります。馬連1番人気のオッズが高くなれば波乱になる可能性が高いわけではありません。私はひとつの目安として15倍以上のオッズが馬連1番人気になったときには、馬連ランク1位から4位という上位の馬に注意することにしています。

馬連1番人気が割れすぎているということは、馬券に絡む可能性がある馬のオッズが横並びになる傾向が高く、私の経験上、1位から4位の上位人気の馬が3着までに絡むことが多いものです。もちろん穴馬が馬券に絡むことも多いため、オッズ馬券のルールから浮

上した穴馬候補から馬券を組み立てるときは、ワイド馬券で10時半のオッズで決定した馬連ランクが、1位から4位の馬へ流した馬券も購入しておかなければなりません。

馬連1番人気のオッズが15倍を超えているレースでは、超穴馬が馬券に絡むことも忘れてはいけません。となれば、馬連ランク1位から4位の馬が馬券に絡む傾向が高いのですから、下位ランクの馬からのワイド馬券4点で大きな配当が望めることになります。馬連1番人気が15倍以上のレースの特徴は、第6章で紹介する「100万円馬券の兆候」でも大切な要素となりますので覚えておいてください。

この特徴をうまく活用することができれば、点数を絞り込みつつ、高配当ワイド馬券はもちろん、3連複や3連単の超万馬券をGETすることも容易となるのです。

馬連1番人気 9倍以上	大穴候補レースと 判定

馬連1番人気のオッズが高くなればなるほど
大穴レースになるというわけではありません！

馬連
1番人気
9〜14倍

馬連
1番人気
15倍以上

上位人気が
消える可能性大

1〜4位の1頭
が馬券に絡む

馬連1番人気が15倍以上になっている
レースは人気が割れすぎてしまい、超大
穴馬が絡む可能性も高いですが同時に上
位ランクの馬も絡むことが多いものです！

POINT 馬連1番人気のオッズは高ければいいという
わけではありません。馬連1番人気15倍以上
のレースでは馬連1〜4位にも注意しましょう！

競馬 ひとくち メモ

阪神競馬場の内馬場にゴルフ場

1999年に閉鎖されるまで、阪神競馬場の内馬場には仁川ゴルフクラブがあり
ました。9ホールのゴルフ場で、経験した人の話ですと、競馬場だけあって芝
の手入れはよく行き届いていたとのことです。

ハズレ馬券は的中馬券へのパスポート

　発明王トーマス・エジソンの名言に「失敗したわけではない。それを誤りだといってはいけない。勉強したのだといいたまえ」という言葉があります。失敗は成功へ向け、何かを見いだす要素であるといっています。馬券の世界でも同じことがいえるのではないでしょうか。79頁でもふれましたが競馬ファンはハズレ馬券と向き合おうとはしない傾向にあります。どうして馬券をハズしてしまったのか、その失敗と真摯に向き合わないのです。その結果、また同じ失敗を繰り返してしまいます。新聞で上から下まで◎印がズラリと並んでいるような馬が、単勝４.０倍などというオッズを目の前にすると、ついその馬から馬券を買ってしまう心理に陥ってしまいます。事実、私もそのような感情にかきたてられた時期がありました。アーモンドアイの単勝が４倍もつくようなケースです。しかし、多くの場合はその馬は馬場清掃、すなわち馬券に絡んでくれなかったのです。その失敗から私は、◎印がズラリと並んでいるような馬が結構な配当のオッズを示しているケースは、なぜそうなっているのだろうか？　という疑問をもつようにしています。その結果、思わず手を出してしまうような馬は結果、馬券には絡まないものだと、度重なる失敗から気づかされたのです。つまりハズレ馬券からハズレ馬券を教えてもらったのです。

第 6 章

100万円馬券を攻略

100万円馬券は狙い撃ちすることが可能なのです。
大穴型レースを4つの要因からチェックすると
超大穴馬が馬券に絡む可能性があるか
調べることができます。
超万馬券レースは事前に察知できるのです！

100万円馬券が
飛び出す可能性があるかを
9時半のオッズで分析

超大穴馬が激走するレースを見つけ出す条件

　この章では100万円を超える3連単馬券をどのようにすれば攻略することが可能なのかを具体的に紹介していきたいと思います。3連単で100万円を超える配当が飛び出すケースのほとんどは、10番人気以下の人気薄の馬が2頭以上絡んでいるケースが多いものです。10番人気以下の馬から馬券を購入するのでさえ難しいのに、さらにもう1頭見つけなければならないなんて、多くの人たちは100万円馬券なんて狙って的中させられるものではないと、あきらめていることでしょう。しかし事前に100万円馬券が飛び出すことをキャッチできればどうでしょうか。オッズ馬券術ではそんな超万馬券を狙い撃ちすることができるのです。

　対象になるのはもちろん大穴型レースです。大穴型レースとは、9時半のオッズで馬連1番人気が9倍以上、単勝30倍以内の頭数が10頭以上あるレースですね。ルールに従い馬連ランクを人気

順に並び替え、単勝や複勝オッズも人気順に並び替えてひとつの表にします。そしてそのレースが100万円馬券が飛び出す可能性があるかどうかを調べていくのです。

　「100万円馬券予兆のルール」としては下記の4つの条件があります。
①馬連1番人気のオッズが15倍以上であること
②馬連ランク2位の馬が単勝・複勝で4位以下に下落していること
③馬連1番人気の2頭が単勝3番人気以下になっていること
④単勝ランク10位以下に「オッズの壁」があること

　この4つの条件のうち2つ以上の条件をクリアしているレースが、超穴馬が激走する可能性の高いレースであると判定されます。波乱になるレースとわかれば後は超穴馬を見つけ出し、その馬から馬券を組み立てるだけです。

106

100万円馬券４つの予兆のルール

その１

馬連１番人気のオッズが15倍以上であること

その２

馬連ランク２位の馬が単勝・複勝で４位以下に下落していること

その３

馬連１番人気の２頭が単勝３番人気以下になっていること

その４

単勝ランク10位以下に「オッズの壁」があること

４つのルールのうち２つ以上クリアしているレース

超大穴馬が激走し100万円馬券が飛び出す可能性がある

▲帯封も夢ではない

100万円馬券が飛び出す可能性の高いレースで超人気薄の馬から狙い撃ちするのが超万馬券をGETする近道です！

POINT オッズが事前に教えてくれるシグナルをキャッチできれば100万円馬券ＧＥＴへ大きく前進することになります！

競馬 ひとくち メモ

１着ゴールの後に死亡事故

ルーマニアの競馬場で、１着でゴールした直後に騎手が落馬し、不幸にも死亡してしまう事件が起きました。なんとか後検量を済ましレースは確定。騎乗していたマージンコ騎手は当時70歳というのだから驚きです。

実例で覚える！
100万円馬券の常識①

2019年3月24日、中山競馬11レース

　では実際のレースから、どのような手順で100万円馬券に絡む穴馬を見つけ出せばいいかを説明していきましょう。

　2019年3月24日、中山競馬11レースです。馬連ランクを単勝1番人気に並び替え、単勝や複勝オッズも人気順に並び替えていきます。このレースの場合は馬連1番人気の組み合わせが⑥－⑧、単勝1番人気が⑧番ですから、⑧番から人気順に並び替えます。完成した表が【表A】となります。馬連オッズが9倍以上、単勝30倍以内の頭数が11頭ですから、大穴型レースであることはわかります。そこで前項で紹介しました4つの条件を調べてみることにしましょう。すると馬連ランク2位の⑥番が単勝4位、複勝4位に下落しています。また単勝ランク11位と12位の間に「オッズの壁」があり、100万円馬券が飛び出す条件のうち2項目が該当しています。

　では続いて、肝心の穴馬候補を見つ

け出していきましょう。まずは馬連ランク11位と12位の間に約2.3倍の大きな「オッズの壁」がありますので、「オッズの壁」の前の2頭が穴馬候補のルールから、⑩番と⑫番が浮上します。通常の穴候補レースはこの2頭から馬券を組み立てていきますが、このレースは100万円馬券になる可能性があると判定されています。引き続き、超穴馬の検討を続けていきましょう。このレースは単勝オッズに「オッズの壁」があります。超穴馬のルールとして、単勝オッズに「オッズの壁」がある場合はその壁の直後の2頭が穴馬候補となるので、⑪番と⑤番が該当。

　レース結果は、通常の検討方法から浮上した穴馬候補の⑩番と⑫番が1、2着。3着には100万円馬券のルールから浮上の超穴馬の⑪番が入り、3連単⑩→⑫→⑪は124万620円です。3連複でも21万2750円の高配当馬券となりました。

表A　2019年3月24日・中山11レース

オッズの壁

	1位	2位	3位	4位	5位	6位	7位	8位	9位	10位	11位	12位	13位	14位	15位	16位
馬連	8	⑥	13	4	1	3	9	14	16	⑩	⑫	11	2	5	7	15
オッズ		12.6	13.5	14.0	22.2	23.3	32.7	35.3	37.7	42.9	55.5	129	136	163	228	482
単勝	8	4	13	⑥	3	1	9	10	16	14	12	⑪	⑤	2	7	15
オッズ	4.3	6.1	7.0	7.8	11.8	12.3	12.9	14.1	15.3	15.7	20.0	36.1	43.2	45.6	78.0	104
複勝	8	9	4	⑥	13	3	1	16	10	14	12	11	5	2	7	15
オッズ	2.6	2.8	2.9	3.2	3.2	3.8	4.0	4.7	5.3	5.7	7.1	7.4	9.5	11.3	17.4	27.7

オッズの壁

上位2頭の組み合わせの馬連でも2万円を超える配当でした！

レース結果　⑩→⑫→⑪
馬連　24,990円
3連単　1,240,620円

「オッズの壁」の前の2頭は穴レースでは重要な要素ですが、100万円馬券の予兆が出たとき、単勝オッズの「オッズの壁」の直後の2頭にも要注意です！

POINT
100万円馬券を攻略するときにも「オッズの壁」は非常に頼りになるツールのひとつなのです！

競馬 ひとくち メモ

1人も的中者がいないレース

現在ではレースで的中者がいない場合には特払いとして払戻率に準じて払い戻しを行うルールがあります（WIN5は除く）。一番最近では1971年福島競馬1Rの単勝馬券で的中者が1人もいませんでした。

実例で覚える！
100万円馬券の常識②

2019年1月19日、中山競馬12レース

　続いて2019年1月19日、中山競馬12レースです。このレースの馬連1番人気は④−⑧です。単勝1番人気は⑧番ですから⑧番絡みの馬連オッズを人気順に並び替えていきます。単勝や複勝オッズも並び替え、ひとつの表にまとめたのが【表A】です。馬連1番人気は13.5倍、単勝30倍以内の頭数が11頭ですから穴候補レースの条件はクリアしています。では100万円馬券が飛び出すかどうか調べてみましょう。このレースも前項で紹介したレースと同じように馬連ランク2位の④番が単勝5位、複勝も5位に下落しています。また単勝ランクの11位と12位の間に「オッズの壁」があります。つまりこのレースは100万円馬券の兆候のルールの2条件をクリアし、超穴馬が台頭する可能性があるレースであることがわかりました。

　まずはこのレースは馬連10位と11位の間に1.91倍の「オッズの壁」がありますので、その前の2頭である⑮番と⑤番が穴馬候補として浮上します。続いて、超穴馬を探してみましょう。このレースも単勝11位と12位の間に「オッズの壁」があります。超穴馬はその「オッズの壁」の直後の馬ですから、この場合は⑥番と②番となります。とくに⑥番はコンピ指数では最低ランクから上昇している馬でもありました。

　レース結果は馬連「オッズの壁」の前の1頭でありました⑮番が1着、2着には「100万円馬券の予兆のルール」から浮上した超穴馬⑥番がやってきました。3着には③番で、3連単⑮→⑥→③で101万6560円とビッグな配当です。3連複馬券も15万9270円とこちらも高配当です。3着に入った③番ですが、馬連ランク5位から単勝ランクは2位と売れていた馬でもあります。超穴馬候補の⑥番と「オッズの壁」から浮上の⑮番との組み合わせのワイドでも1万5020円の万馬券となりました。

表A　2019年1月19日・中山12レース

	1位	2位	3位	4位	5位	6位	7位	8位	9位	10位	11位	12位	13位	14位	15位	16位
コンピ指数																⑥

オッズの壁

	1位	2位	3位	4位	5位	6位	7位	8位	9位	10位	11位	12位	13位	14位	15位	16位
馬連	8	④	11	7	③	13	16	10	⑮	⑤	6	2	12	1	9	14
オッズ		13.5	15.6	15.8	20.2	26.0	40.9	54.6	65.9	71.4	137	194	194	295	329	616
単勝	8	③	7	11	④	10	16	13	5	1	⑥	②	9	12	14	
オッズ	5.8	6.2	6.4	6.5	9.3	11.7	11.9	13.6	14.1	19.5	23.0	41.8	42.9	44.1	49.5	116

オッズの壁

	1位	2位	3位	4位	5位	6位	7位	8位	9位	10位	11位	12位	13位	14位	15位	16位
複勝	7	8	11	3	④	13	15	10	16	5	6	1	2	9	12	14
オッズ	2.5	2.7	2.8	2.9	3.9	4.0	4.1	4.4	5.4	6.8	7.4	8.2	9.5	11.8	20.5	25.5

100万円馬券を演出した馬たち

- 馬連のオッズの壁　　⇒　⑮番と⑥番が浮上
- 単勝の逆オッズの壁　⇒　⑥番と②番が浮上
- コンピ指数最低ランクから浮上している⑥番
- ③番が馬連ランク5位から単勝ランク2位に浮上

100万円馬券を演出した馬たちを調べてみると、馬券に絡むしっかりとした理由があります。結果は、⑮→⑥→③と入り、3連単の配当は1,016,560円でした。

POINT　ルールから浮上した馬は印がひとつもついていない超穴馬であっても、しっかり馬券に絡んできます！

競馬 ひとくち メモ

今でも売れていない馬券はある

的中者が1人もいない馬券なんて、現代ではWIN5以外にはないと思われがちですが、2020年のダービー当日でも、1R〜5Rまで1票も売れていない組み合わせがありました。

実例で覚える！
100万円馬券の常識③

2020年2月29日、中京12レース

次に紹介するのは2020年2月29日、中京12レースです。このレースの馬連1番人気は⑨-⑮で16.1倍です。単勝30倍以内の頭数も13頭ですから、穴候補レースとしては問題なくクリアです。このレースの単勝1番人気は⑨番です。馬連1番人気の組み合わせが⑨-⑮になりますので、⑨番から馬連オッズを人気順に並び替えていきます。単勝や複勝オッズも人気順に並び替えて完成した表が【表A】となります。

ここで「100万円馬券予兆のルール」を検証してみましょう。馬連1番人気のオッズが16.1倍です。馬連オッズで15倍以上というのが条件ですから、まずは1つ条件に該当しています。単勝ランク13位と14位の間に「オッズの壁」がありますから、こちらも単勝ランク10位以下に「オッズの壁」があるという条件に該当することになります。「100万円馬券予兆のルール」を2つクリアしていますので、このレースは超穴馬が馬券に絡む可能性があると注意しなければなりません。

まず穴馬ですが馬連ランク13位の③番が複勝ランク3位に8ランク上昇していることがわかります。60頁で紹介しました「突入＆移動馬」のルールをクリアしていますので、③番は穴馬候補として浮上します。さて超穴馬はどうでしょうか。単勝ランクの「オッズの壁」の直後の馬というのがルールです。このレースの場合は⑰番と⑯番になります。

それからもうひとつ、馬連オッズ15倍以上のレースでは馬連ランク1位から4位の馬に注目するというルールを思い出してください（102頁参照）。このレースでしたら、⑨、⑮、⑩、⑬番です。

さてレース結果はどうなったでしょうか。1着にはなんと超穴馬の⑰番が飛び込んできました。2着に穴馬の③番、3着に⑩番と入り、3連単は183万130円という超高額配当となったのです。

表A 2020年2月29日・中京12レース

	1位	2位	3位	4位	5位	6位	7位	8位	9位	10位	11位	12位	13位	14位	15位	16位	17位	18位
馬連	9	15	10	13	14	7	5	4	8		2	11	3	17	6	16	12	18
オッズ	16.1	20.6	24.0	26.4	29.3	35.1	42.8	49.5	59.2		65.0	86.9	106	128	218	233	253	403

※馬連1番人気 16.1 倍

	1位	2位	3位	4位	5位	6位	7位	8位	9位	10位	11位	12位	13位	14位	15位	16位	17位	18位
単勝	9	15	2	14	7	10	1	13	3	11	5	4	8	17	16	12	18	6
オッズ	5.3	8.1	8.5	8.8	10.1	11.2	13.3	13.5	13.6	15.7	16.5	17.1	21.8	47.7	51.2	79.5	89.2	96.6

オッズの壁

	1位	2位	3位	4位	5位	6位	7位	8位	9位	10位	11位	12位	13位	14位	15位	16位	17位	18位
複勝	9	2	15	10	3	13	14	16	1	11	5	8	17	7	12	6	18	
オッズ	2.0	2.6	3.9	4.0	4.7	4.7	4.8	5.3	5.4	6.4	6.4	6.5	7.6	8.0	8.8	19.1	21.5	21.7

※馬券は上昇馬②番からも
購入しています。

「突入＆移動馬」のルールを
クリアした③番からのワイド
馬券でも2万円の配当です！

⑰→③→⑩

レース結果
ワイド　③－⑰　21,390 円
3連単　1,830,130 円

馬連ランクから単勝、複勝ランクに大きく上昇した③番と単勝の「逆オッズの壁」から浮上した⑰番の1、2着がわかれば100万円馬券GETはカンタンでしょう！

POINT 浮上した穴馬がたった1～2頭の場合であれば、穴馬から手広く流しても購入点数はそれほど増えません！

 競馬 ひとくち メモ

手書きで票数を掲示していた

昭和時代、競輪のような公営ギャンブルでは、ほとんど単勝や複勝は売れていませんでした。窓口も少なく、売り場の前にある掲示板に正の字を書いて票数を掲示していたのが思い出されます。

実例で覚える！
100万円馬券の常識④

2019年10月19日、京都競馬8レース

　違った視点から100万円馬券を攻略する方法を紹介してみましょう。2019年10月19日、京都競馬8レースです。このレースは馬連1番人気が17.5倍で単勝30倍以内の頭数が15頭もいますので、穴候補レースとしては問題ありません。その馬連1番人気は③-⑨なのですが、単勝1番人気は⑮番、2番人気は⑤番と、馬連1番人気の③-⑨はどちらも絡んでいません。③番は5番人気、⑨番は6番人気となっています。「100万円馬券予兆のルール」のひとつである、「馬連1番人気の2頭が3番人気以下になっていること」に該当しています。また馬連オッズの1番人気が17.5倍ということで、こちらも15倍以上あるレースに該当するので、このレースは「100万円馬券予兆のルール」が2つ該当していることになります。

　馬連ランクを人気順に並び替えますが、この場合はルールから③番のほうが人気ですから③番が馬連ランクの軸になります。そして、単勝オッズも人気順に並び替えて完成した表が【表A】です（複勝オッズは割愛しました）。

　さて、波乱になるとわかったら穴馬探しです。しかしこのレースは単勝ランクに「オッズの壁」はなく、また馬連オッズにもありません。すると馬連ランク15位の④番が単勝10位に5ランク上昇していることがわかりました。「突入＆移動馬」のルールから④番に注目です。ここで「馬連人気分布表」もチェックしましたら、【表B】のようになっており、④番にはボトム値があります。④番は超穴馬として決定です。

　さて馬券ですが、このレースは馬連1番人気が15倍を超えています。上位4頭に注目するのがルールですから、③、⑨、⑮、⑩番となります。超穴馬は④番1頭とこの4頭から馬券を組み立てればいいことになります。レース結果は3連単⑩→⑦→④で決まり、134万3920円となりました。

表A 2019年10月19日・京都8レース

	1位	2位	3位	4位	5位	6位	7位	8位	9位	10位	11位	12位	13位	14位	15位	16位	17位	18位
馬連	③	⑨	⑮	⑩	5	17	6	1	12	7	14	2	13	8	④	18	16	11
オッズ		17.5	22.4	28.3	29.9	31.1	34.5	39.8	59.7	61.0	67.2	70.8	99.3	105	122	194	212	637

※馬連1番人気 17.5倍

	1位	2位	3位	4位	5位	6位	7位	8位	9位	10位	11位	12位	13位	14位	15位	16位	17位	18位
単勝	15	5	10	17	③	⑨	6	14	13	④	12	1	7	2	18	8	11	16
オッズ	7.0	7.9	8.3	9.0	9.4	11.3	12.2	13.2	17.7	18.0	18.4	19.0	21.9	26.3	27.8	42.4	52.8	55.8

表B 馬連人気分布表

		8	④	18	16
3	…	105	121	194	212
9	…	202	110	372	341
15	…	211	238	442	454
10	…	259	178	368	473
5	…	202	228	473	460
17	…	177	265	218	274
6	…	188	204	448	436
1	…	261	304	518	430
12	…	290	467	310	691

3連単 ⑩→⑦→④ 1,343,920円

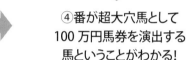

④番が超大穴馬として
100万円馬券を演出する
馬ということがわかる!

馬連オッズが 15 倍以上

馬連ランク1〜4位が絡む

馬連1番人気が 15 倍以上のレースは馬連ランク1〜4位が馬券に絡む可能性が高いのですから、この4頭と超穴馬④番から馬券を組み立てればいいのです!

POINT
「馬連人気分布表」は穴馬を見つけ出すだけでなく、超穴馬を見つけ出すときにも頼りになります!

競馬 ひとくち メモ

ラジオに対して大声援

場外馬券場での締め切りが発走時間の 30 分前という時代がありました。その頃はテレビ画面はなく、レースは音声の実況のみです。実況中継に向かって「そのまま!」とか「差せ!」と叫んだものです。

実例で覚える！
100万円馬券の常識⑤

2019年2月17日、小倉競馬12レース

　100万円馬券の攻略方法の基本が理解できたかと思いますが、もうひとつ例を紹介しましょう。2019年2月17日、小倉競馬12レースです。

　馬連1番人気は16.1倍、単勝30倍以内の頭数が14頭いますので、穴候補レースとしては合格です。さてルールに従って馬連ランクを人気順に並び替えていきましょう。馬連1番人気は⑥−⑪です。しかし単勝1番人気は⑩番で、⑥番でも⑪番でもありません。このようなケースは⑥番と⑪番の単勝人気の上位の方から並び替えるのがルールでしたね。⑪番は単勝2番人気、⑥番は単勝5番人気ですから⑪番から並び替えます。単勝も並び替えてひとつの表にまとめたのが【表A】です。

　この表を見ると、単勝14位と15位の間に「オッズの壁」があることがわかります。つまりこのレースは「100万円馬券予兆のルール」の単勝ランク10位以下に「オッズの壁」があるという条件をクリアしています。馬連1番人気が15倍以上ですから2つの条件をクリアし、100万円馬券レースと判定されることになりました。

　超穴馬は単勝ランクに「オッズの壁」があるケースではその壁の直後の2頭に注目するというのがルールです。単勝14位と15位の「オッズの壁」の直後には⑱番と⑮番がいます。この2頭が超穴馬候補です。するとどうでしょうか。馬連ランク16位と17位の間にも「オッズの壁」があることがわかります。⑮、⑱番の複勝は10倍を超えていました。通常の穴馬候補でしたら複勝10倍以上の場合は注目しませんが、ここは超穴馬です。レース判定が100万円馬券と判定されている場合に限って複勝オッズは無視して大丈夫です。

　レース結果は⑩→⑱→⑮と入り、3連単は195万910円。ちなみに⑩番は馬連ランク3位で、馬連1番人気が15倍以上のときに注目する1頭です。

表A　2019年2月17日・小倉12レース

	1位	2位	3位	4位	5位	6位	7位	8位	9位	10位	11位	12位	13位	14位	15位	16位	17位	18位
馬連	11	6	10	13	1	8	3	2	7	5	14	12	17	16	⑮	⑱	9	4
オッズ		16.1	21.7	25.7	36.7	46.7	47.2	47.6	58.1	60.9	72.2	75.1	99.3	104	181	222	402	502
単勝	10	11	2	13	6	5	8	7	1	12	17	16	14	3	⑱	⑮	4	9
オッズ	5.3	7.7	9.5	10.4	10.9	11.7	12.0	12.9	13.9	16.0	17.4	17.8	23.0	23.6	43.3	47.2	77.8	152

オッズの壁（16位と17位の間）

オッズの壁（14位と15位の間）

馬連1番人気が15倍以上

⑪・⑥・⑩・⑬番に注意!

単勝オッズに壁がある

⑱・⑮番に注意!

100万円馬券予兆のルールをクリアしたレースは、馬連の「オッズの壁」から浮上した穴馬が2頭ともに馬券になることが多いです!

3連単馬券 ⑩→⑱→⑮は 1,950,910 円

馬連1番人気が15倍を超えているので馬連上位4頭に注目することがわかれば、あとは2頭の超穴馬を見つけるだけです。その2頭が「オッズの壁」の前の2頭でした!

POINT 100万円馬券が飛び出すかどうかを事前にキャッチできるのが、オッズ馬券術の大きな特徴のひとつです!

競馬 ひとくち メモ

馬は1着、2着と数えます?

競馬好きを親にもつ子どもが、幼稚園で先生から馬の数え方は1頭、2頭と教えてもらったとき、「先生違うよ、馬は1着、2着と数えるんだよ」と答えたとのこと。この話、子どもは間違っていないと思いました。

超穴馬からのワイド馬券で万馬券を数点流しでGETする!

「ネット投票＝おうち馬券」を最大限に活用する!

　私が実践しているオッズ馬券術では、3連複万馬券はもちろんのことですが、なんと3連単100万円馬券に絡む超穴馬も見つけ出すことができるということがおわかりいただけたと思います。レースがどんな性格をもっているのか、それを知らないで、常に超大穴ばかり探し求め、偶然的中することはあるかもしれませんが、恒常的に当て続けることは難しいものです。大穴レースで穴馬から馬券を買う、100万円馬券レースで超穴馬から馬券を買う、この姿勢が大切なのです。ですから、何度も申し上げてきましたが「競馬予報」、すなわちレースの性格を見極めることが大切なのです。

　この章では3連単馬券で100万円を超えるような超大穴レースに視点をあて、その攻略方法を申し上げてきました。しかし初心者の方は最初はどのように馬券を組み立てていけばいいか難しいかと思います。

　当たり前ですが、3連単馬券に絡むということは3着までに入る馬ということです。であるならば、ワイド馬券を活用してみたらいかがでしょうか。9時半のオッズから馬連1番人気と単勝30倍以内の頭数はすぐにわかります。ちょっとした手順をふめば「100万円馬券予兆のルール」を調べることもできます。馬連15倍を超えていたら、超穴馬からのワイド馬券4点で万馬券を的中させることも可能なのです。

　ネット投票なのですから、ゆっくりと"おうち競馬"ができます。この最大のメリットを使わない手はないでしょう。おうちでゆっくりとオッズを取得して、落ち着いた環境で検討することができるのです。

　残念ながら"おうち競馬"では競馬場で味わう臨場感やそこから湧き上がる興奮はありませんが、その代わり超高額配当馬券というご褒美をいただけるのです。

3連単100万円馬券

ワイド馬券

W万馬券

3連複馬券

10万円馬券

3連単100万円馬券は3連複馬券やワイド馬券で
代用しても高配当万馬券になってしまいます！

馬連1番人気 15倍以上	100万円予兆 レース

馬連ランク1～4位から超人気薄馬へのワイド馬券

ほとんどの競馬ファンは100万円
馬券が飛び出す予兆を知りません。
知っているのはオッズ馬券術です！

POINT

「ネット馬券＝おうち馬券」からプラスに作
用する「時間と環境」を巧みに使うと超穴
馬が見つかります！

競馬 ひとくち メモ

クラシックで27秒差の大差負け

1982年アズマハンターが勝った皐月賞で、アカネジローマルが4コーナー手
前で大きくコースをはずれた結果、大差のしんがり負け。1着馬が入線後、な
んと27秒遅れでゴールしました。

納得した馬券はハズレても後悔しない！

　同じ予想でも、馬券の買い方次第で大きく回収率は変化するものです。予想をしても、その予想通りに買わない人が希にいます。こうなったら、なんのために事前に予想をしているのか、理解に苦しみます。特に最終レースにその傾向が見られるのではないかと考えています。最終レースは一日の最後のレースなため、その日一日の収支を合わせようとする競馬ファンが多いものです。その意味からも魔物が棲んでいるレースではないかと考えています。最終レースは人間心理を巧みに操り、負け組の人をさらにどん底に突き落とす、怖いレースでもあるのです。すなわち不幸になる可能性が高いのです。

　では不幸にならないためには、どのように馬券を買えばいいのでしょうか。それは「満足のいく予想」「事前に準備した予想」以外は馬券を買わないことです。充分な予習をしていないテストで、いい結果が出たことはないはずです。競馬の世界も同じことがいえるのです。馬券はマークシートを塗りさえすれば、まったく事前の予想（予習）をしなくても馬券は購入できます。これではいい結果がでるはずもありません。馬券の世界は予習が重要なのです。予習をしっかりとしないで馬券を買う行為は、不幸な結果につながることになるのではないでしょうか。

第 7 章

WIN5を攻略

WIN5をWIN4にしてしまえば
的中確率はおのずとアップします。
狙いを最初から100万円台以下に定め、
無理なく買い続けることが、
WIN5的中の秘訣なのです！

WIN5をWIN4に
変えてしまうことが
大切な作業だ

４つのレースに絞り込むことが的中への第一歩

　ＷＩＮ５はＪＲＡが指定した５つの
レースの１着馬をすべて的中させる馬
券です。ちょっとした人気薄の馬が１
着するだけでも、軽く100万円を超え
るような高配当馬券になるという最大
のメリットはありますが、反対に、予
想する馬番をひとつ追加するだけで購
入点数が膨大になってしまうというデメ
リットもあります。その最大のデメリッ
トである点数を少なくするには、ＷＩ
Ｎ５をＷＩＮ４にしてしまえばいいと
考えています。すなわち５つのレース
のうち１つのレースの１番人気を「１
頭塗り」で固定してしまうのです。

　では実際、どのようなレースを１
着に固定してしまえばいいのでしょう
か。それは日刊スポーツのコンピ指数
が「90ポイント」の馬です。2019年
1月から2020年4月19日までに行わ
れたＷＩＮ５を検証したところ、少頭
数のレース以外、100万円以内で収まっ
たレースはすべて「90ポイント」の馬

が１着になっていました。

　ただ、コンピ指数90ポイント以外
の馬でも、９時半のオッズで単勝人気
が２倍を切るような馬は、とりあえず
購入することにします。理由は簡単で
す。コンピ指数が90ポイントになって
いない馬ということは、競馬新聞の事
前の印で◎印が揃っていない馬である
ことが考えられます。その馬が９時半
のオッズで突然２倍を切るような人気
に支持されているとなれば、その馬の
ことをよく知っている人たちが馬券を
買っている可能性が高いからです。

　第３章などで紹介しました大穴馬券
に絡む穴馬の姿が馬連や単勝＆複勝
オッズのバランスなどから浮上してくる
のと同じような考え方です。

　オッズ馬券でＷＩＮ５を攻略する方
法の特徴のひとつとして、このように９
時半のオッズを使用している点があり
ます。

WIN5 ～ 1つレースを減らす ～ WIN4

↓

WIN5的中へ一歩近づくことができる

1番人気を固定する

コンピ指数
90 ポイント 1着に
固定する

WIN5を予想するとき
通常のレースとは
発想を変えていかないと
攻略は難しいです!

単勝オッズ
2倍未満 1着に
固定する

 POINT　的中させるレースの数を5レースから4レースに減らすことで、WIN5的中へと近づけることが可能になります!

競馬 ひとくち メモ

的中者ゼロのWIN5

WIN5で初めて1人も的中者が出なかったのは2011年9月4日。3人気
→11人気→10人気→2人気→4人気での決着。キャリーオーバーの金額は
8億5千万円。10人気以下の馬が2頭絡んだのが原因でしょう。

WIN5で100万円馬券になるレースだけを狙い撃ちするのが重要

5回連続して単勝馬券を当てる難しさを知る

　競馬予想をするときに、競馬ファンは中心馬を見つけ出し、その馬から馬券を組み立てていきます。ところでその中心馬が5レース連続して1着になったことがあるでしょうか。ほとんどの競馬ファンはそんな経験は少ないと思います。5回連続的中を一度も経験したことのない人がいきなりWIN5に挑戦しても的中させるのは困難です。ですから、発想を変えてWIN5に立ち向かわなければ攻略することは難しいのです。

　前項では、WIN5をWIN4にすればいいと申し上げました。それは的中させるレースを5つから4つに減らすと同時に、投資金額、すなわち点数を減らさなければならないからです。そこで考えたのが、WIN5は目標としている配当を狙い撃ちすることを意識すれば的中に近づけるのではないかという点です。

　本命党の人はつい上位人気の馬ばかり選んでしまう傾向があり、これではせっかく的中してもあまり高額な配当は期待できません。第6章までで、オッズ馬券では「競馬予報」、すなわちレースが波乱になるかどうかの判定が重要であることを申し上げ続けてきました。本命型レースで穴馬を買い続けていたら、まれに的中することがあっても、トータル的に考えれば回収率が悪化するはずです。

　WIN5も何も目標を設定しないで買い続けるといい結果は期待できません。WIN5はすべてのレースが10頭立てだと仮定しただけでも、可能性のある組み合わせが10の5乗で10万通り存在します。すべての組み合わせを購入すると1000万円の金額が必要になってきます。18頭立ての3連単馬券でも4896通りですから、いかに難しい馬券であるかということがわかります。ですから、何の方策ももたずに的中させるのは難しいのです。

WIN5の点数

| 10頭立て | 10頭立て | 10頭立て | 10頭立て | 10頭立て |

10 × 10 × 10 × 10 × 10

⬇

10万通りの組み合わせが存在する

| 18頭立ての3連単の
組み合わせ | 4896通り |

⬇

高配当馬券が飛び出すが的中させるのは難しい

3連単馬券以上に多くの組み合わせが存在しているのがWIN5なのです!

POINT

WIN5はしっかりとしたルールのもとに買わなければ的中させることが難しい馬券なのです!

競馬 ひとくち メモ

第1回のWIN5は81万円

2011年4月24日に最初に行われたWIN5、売り上げは約7億3千万円。1→3→3→3→4人気で決まり、的中数は663票で81万280円という配当でした。ここからWIN5の歴史はスタートしたのです。

WIN5の配当金額と
それを演出する馬の人気との
関係を知る

5つのレースの単勝ランクの合計数を調べてみる

　では具体的にWIN5で100万円馬券をどう攻略すればいいか、その方法を紹介してみたいと思います。2019年1月から2020年4月26日の間に行われたWIN5は74回ありました。74回のうち、100万円台以内の配当金額で決まった回は38回です。ということは2回に1回は100万円以内の配当で収まっていることになります。これだけ頻繁に登場しているのであれば、狙わない手はないでしょう。実はこの事実が「WIN5で100万円」を攻略しようと考え、分析をスタートした大きな理由だったのです。

　38回のうち13回が100万円台、25回は100万円未満の配当です。その内訳回数は【表A】のようになっています。意外なことに8回も10万円未満の配当金額は出ていました。この13回の100万円馬券の配当のうち、1番人気が絡んでいない回は、2020年4月5日だけで、その人気は2→4→2→4→2で

124万円です(人気は9時半のもの)。この例外を除いて1番人気が絡んでいることがわかります。つまり1番人気はWIN5の100万円馬券GETのためには重要な要素なのです。122頁で1番人気のことを話したり、WIN5をWIN4にすると申し上げたのはこのような結果があったからなのです。

　さらに【表B】をご覧ください。配当金額が100万円台以下で決まったレースでの5つのレースでは、どの単勝ランクにいた馬が1着したのか、その馬の単勝ランク5つを合計した数と配当金との関係を示したものです。このときに使用する単勝ランクは9時半のオッズをもとにしたものですので、現在JRAのホームページなどで公表されている人気の数値とは当然異なります。この表を見ると人気指数の合計が16が一番多く出現していることがわかり、また20以内に収まっていることもわかります。

WIN5の配当	半分以上が 100万円未満

100万円未満を攻略していく!

表A

配当金額	出現回数
～10万円	8
10～19万円	3
20～29万円	3
30～39万円	1
40～49万円	2
50～59万円	2
60～69万円	2
70～79万円	2
80～89万円	2
90～99万円	0
100万円台	13
合計	38

表B

人気指数	❶ ～10万	❷ 10～49万	❸ 50～99万	❹ 100万～
6	1			
7	3			
8	1	1		
9	1	2		
10	1			
11	1	1		
12		1		
13		1	1	1
14		1		
15			2	3
16		3	2	3
17				1
18			1	3
19			1	1
20以上				1
合計	8	9	8	13

POINT レースの性格を見極める「競馬予報」と同じように、WIN5の性格を見極めることが大切です!

100円を転がすと約30万円?

2020年ダービー当日のWIN5の金額は43万7280円でした。5つのレースで単勝オッズを5つ掛けると2820倍になる計算でした。この数字をどう考えるかは人それぞれです。

WIN5で100万円になった レースの特徴を 調べてみる

5つのレースの人気の傾向を調べる

　1着になった馬が9時半の単勝オッズで、何番人気に支持されていたのか、5つのレースすべてを調べ、その合計数を「WIN5人気指数」と呼んでいます。「WIN5人気指数」と100万円台以下のレースとの関係を前項の【表B】で紹介しました。

　ではもっと細分化し、①10万円以下、②10万円台から40万円台、③50万円台〜90万円台、④100万円台の4つに分けてみることしましょう。

　前頁の【表B】を再度ご覧ください。100万円台で決まった回ではその分布は「WIN5人気指数」がほぼ15以上となっています。③の50万円台〜90万円台では13から19、②の10万円台から40万円台では8から16、①の10万円以下では6〜11と、配当金が下がるにつれ、「WIN5人気指数」は低くなっています。ここでは割愛しますが、200万円台を超えるような回では当然「WIN5人気指数」は高くなり、的中

者がひとりも出なかった2019年3月3日の「WIN5人気指数」は38。払戻金が4億7180万円にもなった2019年2月24日の「WIN5人気指数」は35となっています（単勝ランクで10番人気以下の馬はすべて指数10として数えています）。平均して単勝7〜8番人気の馬を5回連続的中させているのですから、的中者が少ないのもうなづけます。

　話をWIN5の100万円馬券に戻します。この表からわかる通り、100万円台のWIN5を狙うのであれば、「WIN5人気指数」が15〜19程度になるように5つのレースを組み立てていけばいいということがわかります。122頁で明記した通り、ひとつのレースの1番人気馬を1頭固定し、WIN5をWIN4にするのがオッズ馬券でのWIN5の攻略法の基本ですから、4つのレースで平均4〜5番人気の馬を入れることを意識すればいいことになります。

WIN5 人気指数

9時半のオッズを使用

1 レース目	2 レース目	3 レース目	4 レース目	5 レース目
1着 4番人気	1着 3番人気	1着 7番人気	1着 1番人気	1着 2番人気
4	3	7	1	2

4+3+7+1+2＝17

WIN5 人気指数は **17** となります

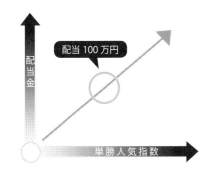

配当金

配当 100 万円

単勝人気指数

WIN5 人気ランクと
配当金との間は
比例関係になっています！

POINT

**5つのレースを9時半のオッズから調べる
「WIN5人気指数」はWIN5攻略の
基本となる情報です！**

競馬 ひとくち メモ

WIN5の上限額が6億円の理由

WIN5の払い戻しの上限は、現在6億円です。WIN5の発売開始当時の
2011年では2億円が上限でしたが、法律の改正により2014年6月7日から
上限は6億円に引き上げられました。

同じ買い方を続けることが
WIN5 攻略への
近道となります

05

ＷＩＮ５は１回あたり 36 点買いを基本とする

　実際にどのように５つのレースを組み立てていけばいいか紹介していきましょう。まずは基本フォーメーションです。オッズ馬券ではＷＩＮ５を攻略する基本点数は 36 点としています。点数を多くすればそれだけ的中する可能性が高くなるのは当然です。ＷＩＮ５の該当レースのうちひとつのレースの単勝馬券を的中させることができれば、当たり前ですがそのレースの単勝馬券の配当を得られますが、ＷＩＮ５は５つ同時に当てなければなりません。４勝１敗でも０勝５敗でもハズレです。第３章などで紹介した、穴馬から馬券を購入する場合、総流しで馬券を買えば的中率は上がりますが、馬券をハズしたときのダメージが大きいので、３連複の基本フォーメーションは穴馬１頭から 18 点としています（90 頁参照）。同様にＷＩＮ５でもオッズ馬券での基本的な買い目は 36 点としています。

　ＷＩＮ５をＷＩＮ４にするのですか

ら、４レースで 36 点を組み立てればいいことになります。２点×２点×３点×３点の 36 点です。つまり１点予想と決めたレース以外の４つのレースでは、１〜４番人気から１点、５〜８番人気から１〜２点を選ぶようにします。ひとつの指標として馬連１番人気のオッズを参考にして、本命型レースでしたら１番人気、中穴型レースでしたら２番人気か３番人気、穴型レースでしたら３番人気か４番人気から１頭選びます。そしてもう１〜２頭は５番〜８番人気の中から１〜２頭選び出し、１点予想以外の４レースの買い目を決めていきます。もしコンピ指数 90 ポイントのレースや単勝が２倍を切り、単勝１点買いで大丈夫であると判断したレースが２つあった場合は、実質「ＷＩＮ３」となりますので、１レースあたりの買い目は３点×３点×４点となります。これでＷＩＮ５版 100 万円馬券のセット完了です。

WIN5を WIN4にする		1点で固定の レースがある

4つのレースの予想をすればいい

5 つ の レ ー ス の 狙 い 方

1番人気を 固定	+	1〜4人気 ＋ 中穴馬1頭	+	1〜4人気 ＋ 中穴馬1頭	+	1〜4人気 ＋ 中穴馬2頭	+	1〜4人気 ＋ 中穴馬2頭

100万円未満の配当の回では多くのケースでの特徴を利用し1〜4番人気の馬と中穴馬をすべての組み合わせに入れます！

W I N 5 の 基 本 フ ォ ー メ ー シ ョ ン

1点 × 2点 × 2点 × 3点 × 3点

合計 36 点

POINT

WIN5は連続して的中させることが難しい馬券ですから、買い方を工夫しないといけません！

競馬 ひとくち メモ

的中者がいてもキャリーオーバー

2011年6月26日のWIN5の的中票数は3票。当時のWIN5は払い戻しの上限が2億円だったため約4億6700万円がキャリーオーバーになりました。今のルールでしたらキャリーオーバーにはなりません。

5〜8番人気を
どう選び出すかが
大きなポイントとなります

06

リーディングの順位を検討の材料にする

　具体的にオッズ馬券のＷＩＮ５の
フォーメーション馬の選び方を紹介し
ていきましょう。ＷＩＮ５をＷＩＮ４に
するためにまずは１レース１点買いの
レースを選び出します。もし90ポイン
トや単勝オッズが２倍を切るようなレー
スがない日は見送り、もしくは５レース
の中で１番人気に乗っている騎手の比
較で、前日まででのリーディング上位の
騎手を選びます。

　残りのＷＩＮ４の２〜３頭ですが、
１〜４番人気はその馬に騎乗している
騎手のリーディング上位の馬に決めま
す。１〜４番人気になっている馬は過
去のデータ上、１着になる可能性が高
いことは理解できると思います。リーディ
ング上位の騎手が騎乗すれば１着にな
る可能性がさらに高くなるからです。問
題は５〜８番の人気馬です。直近70
回のＷＩＮ５で、100万円台以下の配
当で決まり、５〜８番人気馬のほとん
どが1000円台の配当でした。というこ

とは５〜８番人気で単勝オッズが10倍
台の馬を選び、同様にリーディング上
位の騎手が騎乗する馬から１頭もしくは
２頭選んでいけばいいわけです。

　ここで読者の中では、「直近のたった
70回程度の分析で正しい傾向をつか
もうとするなんて少々乱暴じゃないか?」
と疑問をもつ方もいるかと思います。し
かしＷＩＮ５は2011年４月から発売さ
れ、今までに約500回試行されていま
す。つまり全体の標本数は約500です。
その中から抽出した約70の標本という
ことになります。全標本数の中の約７分
の１にあたる数を分析しています。

　これは統計学の考え方からすると十
分全体像を見極めることができる数字
です。統計学の考え方と馬券について
は既刊『競馬力を上げる 馬券統計学の
教科書』(小社刊)で詳しく解説してい
ますので、興味のある方はそちらも是
非お読みください。

WIN5フォーメーションの組み立て方

本命型 レース	中穴型 レース	大穴型 レース
1頭を 1着に 固定する	2〜3人気 ＋ 5〜8人気	3〜4人気 ＋ 5〜8人気

1着固定のケース ＝ コンピ指数 90 P　単勝オッズ 2 倍未満

その他のレース ＝ リーディング上位の騎手が騎乗の馬

（例）

1番人気＝A騎手
2番人気＝B騎手
3番人気＝C騎手
4番人気＝D騎手

1頭を選ぶ →

A・B・C・Dの騎手
のうちリーディング上位の
騎手が騎乗する馬
を1頭選び出す!

POINT
リーディング上位にランクされている騎手
は1着になる可能性が高い騎手です。
WIN5に活用しない手はありません!

競馬 ひとくち メモ

キャリーオーバーなしで6億円

2020年5月31日、ダービー当日のWIN5の売り上げは8億6700万円でした。
払い戻しの上限は6億円で、控除率30%を除くと売り上げは約8億6000万
円必要ですが、当日はキャリーオーバーなしでその額に達していました。

WIN5は1年で1回的中させるだけで回収率は100%を超える

1回の的中が大きなリターンを生み出す

WIN5で100万円馬券を的中させるためには「WIN5人気指数」「単勝1番人気の固定」「5〜8番人気の馬」この3つの条件を設定しておき、その3つの条件が重なったときに100万円馬券が的中できるように待ち構えておくことが重要です。イメージ的には【図A】のような感じになります。AはWIN5で100万円台の配当になる人気指数のグループです。Bはコンピ指数90ポイント他、1点買いで単勝馬券を的中させるグループです。そしてCが5〜8番人気の馬を的中させたときのグループです。Aは買い方をWIN5の人気指数の合計数を意識してセットするだけですので、それほど難しいことではないと思います。Bのグループも、機械的に1点買いのレースを見つけ出すことは難しくありません。問題はCのグループなのです。ここは5つのレースを分解して1つのレースとして考えてみましょう。馬連ランク5〜8位の馬で今回

狙っているのは単勝1000円台のものが多いです。2000円を超えるような単勝1番人気を狙っているわけではないことを考えれば、それほどハードルは高くはないのではないでしょうか。この3つ条件をすべてクリアしたとき、WIN5での100万円馬券的中が近づくのです。

通常のレースとは違い、WIN5を毎週的中させることは不可能なことです。しかもWIN5で1000万円を超えるような配当が飛び出す時は、たいてい10番人気以下の人気薄が1着しています。夢を追いかけるのは良いことですが、無謀な夢を追いかけるよりも、2回に1回程度飛び出す100万円以下の配当、及び100万円前後の馬券を狙い撃ちしたほうが現実的且つ効率的です。1回3600円程度の投資でしたら100万円÷3600円で277回に1回当てるだけで回収率は100%を超えます。277回とは約5年程度、すなわち5年に1回当てればいいのです。

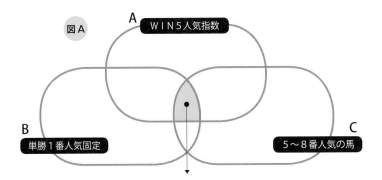

図A

A　WIN5人気指数

B　単勝1番人気固定

C　5〜8番人気の馬

すべての要件をクリアしたときに１００万円馬券ＧＥＴとなる!

WIN5
1回3600円
投資

➡

年間
約50回
チャレンジ

➡

投資金額
3600円×50回
18万円

WIN5で1回あたり3600円投資する場合、1年間で約18万円です。100万円馬券を1度的中させることができれば回収率は100%超え。それほど難しい数字ではありません!

データの裏付けという強い味方を信用して
じっくりと狙い撃ちする姿勢がWIN5の
的中につながります!

競馬 ひとくち メモ

WIN5の配当金額と税金

2019年2月24日にWIN5で4億7180万円の払い戻し金が飛び出しました。的中票数は1票です。詳しい計算は割愛しますが、4億7千万の払い戻しを受けたと仮定すると約30%が税金で課税されることになります。

お わ り に …

　いかがだったでしょうか。100万円馬券という夢の超万馬券が飛び出すレースを事前に察知することが、実は決して不可能なことではないということがお分りいただけたかと思います。たった４つの要因を調べるだけで、大穴型レースを判定することができるのです。そして、大穴型レースであるということを予知できれば、100万円馬券GETに大きく近づけるのです。

　オッズ馬券術では９時半のオッズを調べるだけで、レースを本命型レース、中穴型レース、大穴型レースの３つのパターンに分けることができます。さらに大穴型レースの中から前述の100万円馬券という超大穴型レースも見つけ出すこともできます。本命と判定されれば人気馬に注目し、大穴と判定されれば人気薄の馬に注目すればいいのです。多くの競馬ファンはレースそのものの性格、波乱になるのかどうかをあまり調べようとしません。

100万円馬券が飛び出すレースを
事前に察知することができる！

　本書でも申し上げた通り、レースの性格を把握しないで馬券に立ち向かうことは、海図をもたないで海の上を航海することと同じなのです。本命党の人は常に人気馬に注目し、穴党の人は人気薄の馬に注目してしまいます。本命型のレースで人気薄の馬に注目したり、大穴型レースで人気馬に注目したら、なかなか的中馬券に近づくことができないのではないでしょうか。

　これからの馬券はネット投票が主流になってきます。"ネット投票"は"おうち競馬"です。最大のメリットはいつもと変わらない環境で馬券を検討できる点にあります。オッズはスマホやパソコンがあれば簡単に見ることができます。本書で紹介したルールを使うだけで、本命馬券はもちろん、100万円を超えるような大型万馬券も的中させることが可能になるのです。ネット投票による環境はオッズ馬券にとって追い風になっているのです。

　ＷＩＮ５は最高配当が今では６億円となっています。億を超えるような配当が飛び出すと、自分も的中させたいという気持ちが大きくなるのは当然です。人間の脳は衝撃的なことに反応するメカニズムをもっているからです。億を超えるＷＩＮ５では当然人気薄の馬が１着しています。億を超えるＷＩＮ５を的中させるには、ただでさえ人気薄の馬が１着になることを予想することが難しいのに、そのレースを的中させ、さらに残りの４つのレースの単勝馬券も的中させなければなりません。的中させるのが難しいから億を超えるような配当になっているのです。ただ、データを振り返ると億を超える配当はそれほど多く出現していないことがわかります。一番多く出現しているのは100万円台以下の配当です。その結果をさらに調べてみると、100万円台の結果では、ほとんどのケースで１番人気が絡んでいることがわかり

ました。ならば、100万円台のレースを狙い続けたらどうかという発想から、その攻略方法を考えたのです。

　本書では、そんなキーワードのひとつである「100万円」を中心にオッズを検証してみました。5つのルールから万馬券を攻略する方法や中穴馬券の型に至るまで、オッズの数値を使うだけで万馬券を的中させることが可能です。もちろん的中が叶えば、回収率は大きく飛躍します。

　私のブログでは、ひとりでも多くの方たちに、オッズ馬券に興味をもってもらいたいと考え、どのレースが大穴型レースになるかなど、レース前日に発表しています。興味のある方は是非、そちらも覗いてみてください。

＜ブログ・オッズ馬券の教科書＞
http://manbaken7.blog.fc2.com/

　　　　　2020年7月吉日　　　大谷清文

著者 p r o f i l e

大谷清文（おおたに・きよふみ）

1963年4月22日、群馬県館林生まれ。明治大学商学部卒。大学卒業後、出版社に
入社。漫画雑誌、競馬雑誌（ザ・競馬）の編集長を経て書籍の編集に従事。テレビ
でハイセイコーの姿を見たのが競馬との最初の出会い。シンボリルドルフの単勝馬
券を2回外したことから、単勝オッズと人気馬の動向に気づく。故・松本守正氏、故・
相馬一誠氏、互當穴ノ守氏との出会いがオッズの研究に拍車をかけ、出版社退社後、
本格的にオッズ馬券の研究に没頭し、オッズだけで馬券を買うようになって、回収
率がプラスに転じた。著書に『回収率をあげるオッズ馬券の教科書』『回収率をあげ
るオッズ馬券の参考書』『回収率をあげるオッズ馬券の奥義』『楽しみながら儲ける
馬券攻略Xファイル』『競馬力を上げる馬券統計学の教科書』（弊社刊）他、著書多数。

＜大谷清文のブログ＞ http://manbaken7.blog.fc2.com/

ネット投票で儲ける!
オッズ馬券の新常識

2020 年 7 月 25 日　初版第一刷発行

大谷清文・著

デザイン／藤井 真奈美
写真／橋本健・大谷清文
発行人／松丸仁
発行所／株式会社ガイドワークス
〒 169-8578
東京都新宿区高田馬場 4 − 28 − 12
03-6311-7956（編集）
03-6311-7777（営業）
http://guideworks.co.jp
印刷・製本／暁印刷
© Kiyofumi Ohtani © guideworks 2020

●落丁・乱丁本はお取り替えいたします。営業部宛にご連
絡ください。
●本書の内容の一部または全部を無断で複合複製（コ
ピー）することは、法律で認められた場合を除き、著者及
び出版社の権利の侵害となりますので、その場合にはあら
かじめ小社宛に承諾をお求めください。
●本書のスキャン、デジタル化等の無断複製は著作権法上
の例外を除き禁じられています。代行業者等の第三者によ
る本書の電子的複製も認められておりません。

最新の馬券理論、旬のインタビュー、
オリジナルデータ、POG情報…

競馬の勝ち方を読む！

最先端の儲かる理論を
発信し続ける馬券攻略誌

競馬王

3月・6月・9月・12月の
8日発売

競馬王 2019秋-2020夏の新刊

その騎手が「どう乗るか?」が見えてくる

競馬記者では絶対に書けない
騎手の取扱説明書
TARO 著
本体1600円+税
好評発売中

14年目となる「顔が見えるPOG本」
競馬王のPOG本
2020-2021
競馬王編集部 編
本体1800円+税
好評発売中

各重賞のラップ傾向を視覚化!
新 ラップタイム重賞図鑑
夏目耕四郎 著
本体2200円+税
好評発売中

時短で効率良く当てる方法を伝授
「脚質データ」を使って儲ける時短予想
京大式推定3ハロン
久保和功 著
本体1800円+税
好評発売中

最速・最強の血統馬券師になれる!
血統偏差値 JRA全103コース
「儲かる種牡馬」ランキング
伊吹雅也 著
本体1800円+税
好評発売中

投資競馬の神様が手がけるデータブック
1億5000万円稼いだ馬券裁判男が明かす
いま儲かる騎手・種牡馬・厩舎ランキング
卍 著
本体1500円+税
好評発売中

最新の馬場事情を棟広良隆が徹底解析!
激走レンジ!究極ガイド
京大式 馬場読みで万馬券を量産する方法
棟広良隆 著
本体1850円+税
好評発売中

超人気シリーズの新年度版が登場
ウルトラ回収率
2020-2021
伊吹雅也 監修 競馬王データ特捜班 編
本体1850円+税
好評発売中

コスパ重視の予想手順を公開
「絶対に負けたくない!」から紐解く
穴パターン事典 ケーススタディ
メシ馬 著
本体1800円+税
好評発売中

現役全厩舎のすべてが分かる一冊!
真の実力と勝負パターンが見える!
レーダーチャート式 厩舎名鑑
村山弘樹 著 JRDB 監修
本体2000円+税
好評発売中

統計学を知れば競馬は勝てる!
競馬力を上げる
馬券統計学の教科書
大谷清文 著
1800円+税
好評発売中

馬券の天才が贈る究極の重賞本
ウマゲノム版重賞解析読本
古馬・芝編
今井雅宏 著
本体1850円+税
好評発売中

最先端の儲かる理論を発信し続ける馬券攻略雑誌

ニコニコ公式チャンネル 競馬王チャンネル

Point 1
競馬王
ライター陣の
見解・コラムが
読める!

月額550円で見放題!!
収支改善のきっかけにぜひお試しください!!

ほとんどの競馬ファンが気付かない
根拠ある情報と分析結果を
毎週お届けします!!

Point 3
激走判定
リストからの
出走馬もすぐに
分かる!

Point 2
競馬王本誌
&単行本の
理論該当馬が
一目瞭然!

Point 4
便利なメール
配信サービスで
激アツ馬を
見逃さない!

競馬王Webマガジン配信コンテンツ

水曜日配信
先週のパトロールチェック該
当馬

木曜日配信
競馬王理論に基づいた次
走注目馬リスト

キムラヨウヘイの先週のハイ
レベルレース

伊吹雅也のコース傾向分析

先週の的中報告

金曜日&土曜日
土日の競馬王チャンネルオ
ススメ馬

出走馬の激走フラグ
(今井雅宏)

出走馬の前科(六本木一彦)

メインレースにおける馬券裁
判男『卍指数』上位5頭

メインレースにおける単行本
『3分で美味しい軸馬/穴
馬がわかる本』の該当馬

土日全レースの競馬王チャ
ンネル出走表

土日全レースの『新・究極
コース攻略ページ』該当馬

気候注目馬(三宅誠)

「マストバイ騎手」データ

前走・ハイレベルレース出走
馬リスト

前走パトロールチェック該当馬

新馬戦における期待値の高
い馬

金曜日配信
戦犯ホース・六本木一彦『今
週の大穴勝負レース』

土曜日配信
関西のカリスマ・赤木一騎
『重賞前日見解』

消去法シークレットファイル・高
橋学『重賞消去法ガイド』

土曜日の馬場傾向と日曜日
の狙い馬(シンヤカズヒロ)

ユーザー参加型企画
編集部と対決!! みんなの勝
負レース

週末の重賞&土日の勝負馬を公開!
業界のタブーに挑戦中!!
リアル競馬王
雑誌・競馬王を使うと本当に儲かるのか?
身銭を切って検証します!
ニコニコ生放送で
毎週金曜夜放送(無料)

ニコニコ公式ch『競馬王チャンネル』アクセス方法

月額
550円

競馬王チャンネル　　検索

QRコードで
アクセス!
スマホにも完全対応!

PC・スマホでアクセスOK! 初月無料で月額550円(税込)

URL http://ch.nicovideo.jp/keibaoh

ネット投票で儲ける！

オッズの馬券の新常識

大谷清文・著

は じ め に …

新型コロナウイルスで私たちの生活
様式は変わろうとしています。馬券の世
界でもネット投票が増え、新しい競馬の
楽しみ方が登場しています。しかし馬券
を的中させたいという競馬ファンの思い
が変わることはありません。

世の中には数多くの競馬必勝法があ
ります。そして独自の馬券スタイルで馬
券収支をプラスにしている人がいるの
も現実です。それは、馬券の世界はや
りかた次第では儲けることができること

を証明しているのではないでしょうか。
私が競馬を見始めてから半世紀が経過
しようとしています。その間にハイセイ
コーやミスターシービー、シンボリルド
ルフなどによる昭和の競馬、ナリタブラ
イアンやディープインパクトなどによる
平成の競馬がありました。そして今、史
上初の無敗の牡馬牝馬2冠が同時に誕
生して、令和の競馬がスタートしています
す。馬券の世界も枠連から馬連、そし
て3連複や3連単の3連系の馬券が主